屋敷怪談

影絵草子

竹書房
怪談
文庫

※本書は体験者および関係者に実際に取材した内容をもとに書き綴られた怪談集です。体験者の記憶と主観のもとに再現されたものであり、掲載するすべてを事実と認定するものではございません。あらかじめご了承ください。

※本書に登場する人物名は、様々な事情を考慮してすべて仮名にしてあります。また、作中に登場する体験者の記憶と体験当時の世相を鑑み、極力当時の様相を再現するよう心がけています。今日の見地においては若干耳慣れない言葉・表記が記載される場合がございますが、これらは差別・侮蔑を助長する意図に基づくものではございません。

まえがき（着工）

影絵草子

我々が住むこの日本だけでも建物はどれくらいあるのだろう。

筆者も建物関係の仕事をしているので、建物とは少なからず縁がある。

無数に存在する家には様々な人が住み、住居以外にも会社のオフィスや店舗など、ありとあらゆる建物に我々人間の営みがある。

屋根と壁、扉や窓に囲まれた建物。そこに染み込んだ因習、因縁、風習、業、そこから生まれる怪談たち。きっと家の数だけドラマがあり、背景がある。

しかし、住むのは果たして人だけだろうか。

本書は、著者が長年に亘って集めた奇妙な味わいの家にまつわる怪談集である。家そのものの怪、家の中で起きた怪、家系や家族にまつわる怪奇因習、そして、家のみならず建物というある種の異空間をテーマにした怪奇譚。そこにはまさしく魔が棲んでいる。

一歩足を踏み入れたら最後、簡単には抜け出せない。そんな出口なき家怪談の迷宮に、どうか心ゆくまで酔いしれていただきたい。

目次

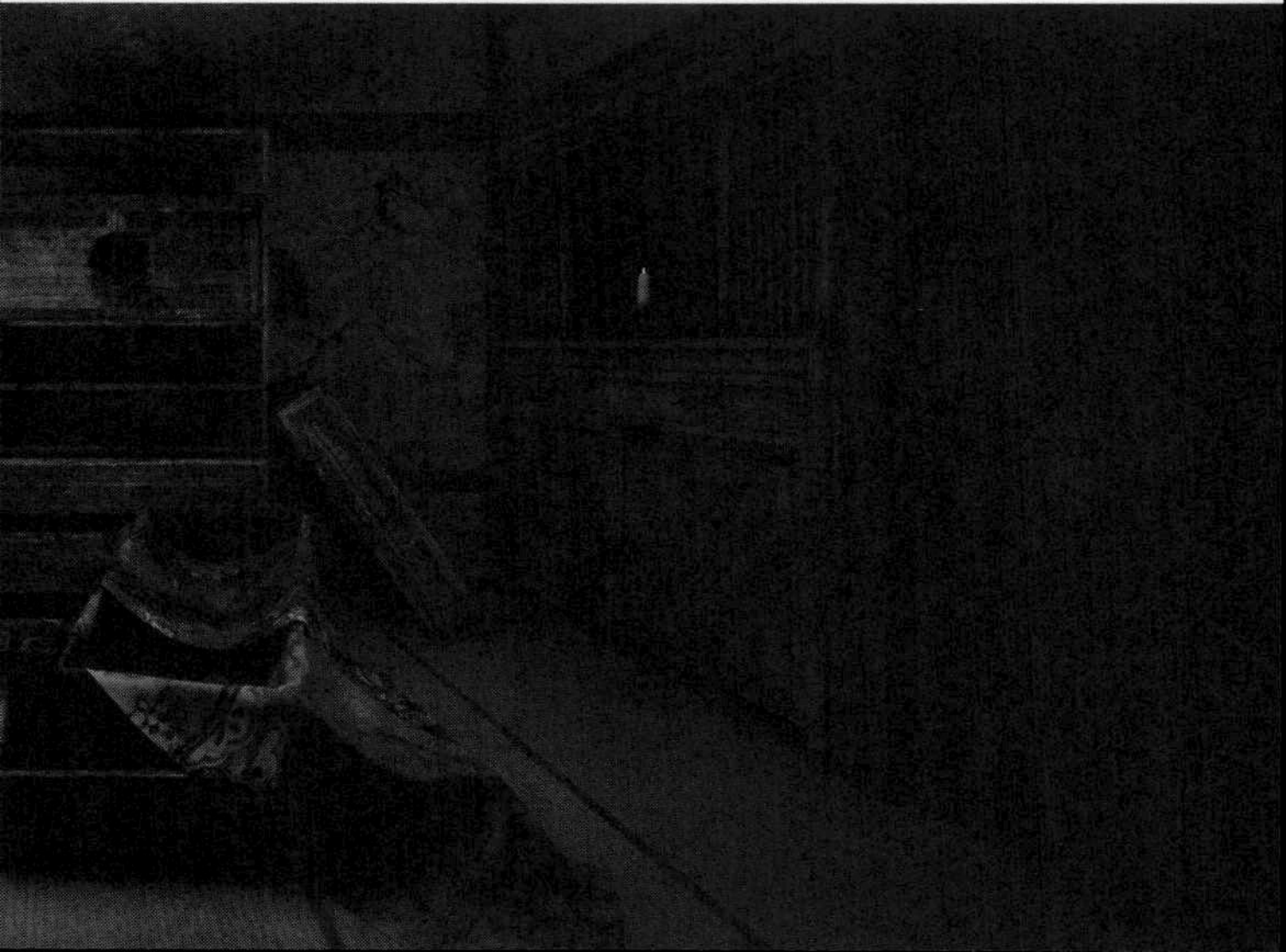

第一家「家のドッペルゲンガー」

「なんかね、家のドッペルゲンガーみたいな話ですね」

開口一番、そんな面白いパワーワードが飛んできた。

なのでそのまま、タイトルに使わせていただいた。

関東地方在住の主婦、浅川さんは小学生のとき、たまに〈それ〉を見ていた。

〈それ〉というのは、夕方になると現れる家のことだ。逆を言えば、夕方にならないと現れない家とも言える。

学校からの帰り道、見知った町内を歩いていると、ふと見つけてしまうのだ。

家々が並ぶ住宅街にぽつんとひとつ、黒い家が混ざっているのを。

それは、屋根も壁もすべてが真っ黒い家で、見たところ入り口らしきドアや窓といったものが見当たらない。完全に外部と遮断された建物である。

しかも、近づけない。

近づこうとすると、家自体が逃げるように近づいた分だけ遠ざかってしまうからだ。まるで逃げ水を追いかけるように捕まえることができない。

まさに幽霊のように朧気だ。

はじめはただの幻か目の錯覚だろうと思ったが、そうとも思えぬふしもある。黒い家が現れた場所を後日確かめていくと、そこには普通の家が建っているのだが、その家の住人らに話を聞いたところ、興味深い証言を得られた。

住人曰く。

その日はまだ夕方なのにやけに窓の外が薄暗かった。

気になって窓を覗くと、小学生くらいの小さな影が、様子を窺うようにこちらを覗き見ていたのだという。

「確か、あなたくらいの……」

どの家の家族も同じことを言った。

外から見ると窓もドアも見当たらない黒い家。しかし、中からは普通に窓があり、どの家からも同じ景色が見えていたことになる。

住人たちが見ていた小学生のような影とは、浅川さんだったのだろうか。

しかし、黒い家を見つけても逃げていくので近づくことはできず、家まではそうとう距離があったそうだ。だとすると、窓から覗き見ていると視認されるには無理がある。だから目撃された影は浅川さんというより、夕方になると現れる影の世界の住人のようなものだったのかもしれない。

都市伝説や未確認生物などで有名な、シャドーマンではないかというのが筆者の見解だが、それとも違う気もする。

いずれにせよ、奇怪な体験である。

第二家「瑞夢《ずいむ》」

リスナーの一人、塩田さんから聞いた話。

塩田さんが住んでいた母の実家はやたらと不思議なことが起こる家だった。

十字路を挟んで右側に代々営む酒屋があり、左には母家族が暮らす一軒家が建っていた。

地域の溜まり場のような家で、家主が居ようと居なかろうと、母やその兄（塩田さんの伯父）の友人たち、近所の人までもがいつの間にか勝手に集まって寛いだり、世間話に花を咲かせている。

あるとき、手癖の悪い男の子が帰ったあと、祖母の集金袋がなくなるという事件が起きた。慌てて家族総出であちこち探したが、とうとう集金袋は出てこなかった。

しかし、安易に疑うことはしたくないし、忘れた頃に出てくるだろうとその日は一旦寝ることにした。

その晩、塩田さんの母親はこんな夢を見た。

観音様のようなシルエットの、神々しい光を帯びた何者かが出てきて、導かれるままについて行くとそこは伯父の部屋で、ソファーの背もたれの後ろ側が光を放っているという夢であった。

朝起きてすぐにそのことを祖母に話し、問題のソファーの裏を確認した所、集金袋は呆気なくそこから出てきた。

その他にも、物が置いたはずの場所から全く別の場所へ移動していたり、久しぶりに電話をくれて話した方が実はその時間既に亡くなっていたり、不可思議なことが日常的に起こる家であった。住人のほうも慣れたもので、別段怖がる人はいなかった。

まだ塩田さんの母が高校を卒業したばかりという頃。

母親の部屋は霊道と言うのか、頻繁に誰かが行き来する気配がしていたそうだ。

部屋は二階だったが坂が多い地域でもあり、U字の窪みの部分に家が建っていて、二階のその部屋の水平線上に寺と神社があった。

入り口から入って正面左寄りにベッド、右側にタンスや本棚を置いていた。

部屋には大きい窓がふたつ（入り口正面と右側）、小さい窓がひとつ（入り口から左側、その下に小さいベランダ）あり、その小さい窓と正面の窓にくっつけるようにベッドを寄せていたのだが、寝ている最中に、金縛りや幽体離脱を経験したという。

幽体離脱時は部屋の端で上から自分の寝姿を見ており、母親（塩田さんの祖母）が自室に入ってきたときには、入ってくる前の扉の外にいる時点から既に姿が見えていたという。母親は塩田さんの顔を覗き込んで様子を確認すると、また部屋を出ていった。

実は頻繁に金縛りに遭うので、夜中に確認しに来てほしいとお願いしてあったのだ。

翌朝、「何であのとき助けてくれなかったの？」と文句を言うと「だってあんた、普通に寝てたよ？」と返されてしまった。

そんなことが続いたので、試しにベッドの位置を正面の窓から離し、左側にずらしてみると、寝苦しい感じは軽減された。

ある日、塩田さんの父親（当時はまだ結婚前）が泊まりに来たときのこと。

ベッドの横の床に布団を敷いて寝たそうなのだが、寝ている間に何度も体を踏んづけられたという。

布団を敷いた位置はちょうどお寺と神社に挟まれている。元々ベッドを置いていた場所とも重なる場所だったので、「霊道なのかもしれないね」と言っていた。

その後、結婚して母は実家を出たので、部屋は母の兄（塩田さんの伯父）に譲られることとなった。

その際、正面の窓側にベッドをつけないほうがいいよと言っておいたのだが、兄はその忠告を聞き流していたようだ。

引っ越し後、兄から連絡があり、

「おい、おまえの部屋変だぞ！　あそこで寝てっと、毎晩踏んづけられるんだよ！」

と、切羽詰まった声で苦情が来たので、もしやと思ってベッドの位置を聞いてみたところ、案の定注意してと言った場所にベッドを置いていた。

「だから言ったでしょ。言わんこっちゃない」

母は呆れて再度ベッドの位置を直させたという。

良いことと悪いことが立て続けに起きる珍しい話であるが、塩田さんの母が見た吉夢のような観音様の夢と、一連の話にはどんな関係があるのか、
おそらくこの二種類の怪異は別個のものだと考えている。

いずれにしても興味深い話である。

第三家「あがたさん」

恵美さんという女性から聞いた何とも不可思議な話である。

中学の同級生である真希さんの家にお呼ばれしたときの話だという。

真希さんの御両親は優しい人で、帰り際、何度も泊まっていきなよと誘われた。

さすがに初めてお邪魔した家に泊まることはできないが、あまりに熱心に誘ってくれるので、御厚意に甘えて夕飯だけごちそうになることにした。

真希さんのお母さんが腕をふるった料理はとても美味しかったが、気になることがひとつあった。

家族間で交わされる会話の中に、ある名前が頻繁に出てくるのだ。

それは、「あがた」なる人物。

女性か男性かもわからない。

家族は真希さんと両親の三人だけであるし、話の流れから察するに、親戚や友人関係でもなさそうだ。

ただ、その人をめったやたらに褒める。

まるで崇め奉るように、お母さんが「あがたさんはすごい」と言うと、同じように父親も「あがたさんはすごい」と嬉しそうに頷く。

それがすごく気持ちが悪いのだ。

それ以降、毎週のように家に誘われたが、やはり家族の話題はあがたさんのことばかり。そうなると、恵美さんの中でもあがたさんへの興味は否応なしに高まる。

「あがたさんに会ってみたい。ねえ、会わせて！」

とうとう恵美さんは真希さんに懇願した。だが、真希さんは真剣な顔で、

「無理だよ、会えないよ。会ったら死んじゃうよ」

そう冷たく言い放った。

無理だと言われてしまえば、それ以上何も言えなくなる。

しかし、一年が過ぎようというとき、久しぶりにあがたさんがどうしているのか気になり、真希さんに聞いてみることにした。

「ねえ、あがたさん、最近どうしてる？」

すると真希さんはキョトンとした顔をして、「誰？　知らないよ、そんな人」と言う。

ただ、全く思い当たるふしがないわけでもないらしく、妙なことを言った。

「たぶん……その人のだと思うんだけど、家族の誰のものでもないものが家にあるの」

見に来てくれないかと言われ、その日久々に真希さんの家に行った。


家には真希さんの御両親もいた。

二人とも真希さん同様、あがたさんに関しての記憶がすっぽりとなくなっていた。

しかし、部分的に憶えていることもあるようで、それが何とも不思議である。


曰く、家に〈誰か〉がいた記憶はある。

その人が何かを置いていった。


それだけは確かだという。

しかしそれが、誰だったかは思い出せない。

置いていった物は下駄箱の中にあるというので、真希さんが扉を開けてくれた。

中には、汚れた片方だけの草鞋《わらじ》。

それがきれいに並んだ靴の中で異彩を放っていた。

〈誰か〉が家を出ていくときに、

「用事は済んだから出ていくが、これを私だと思って後生大事に持っていてくれ。ゆめゆめ棄てないように」と言われたという。

そこだけはなぜか強く頭に刻まれている。


今は完全に真希さん一家の記憶から、あがたさんの記憶は消えている。

ただ、真希さんの家族のふりをしていた何者かがいたのは事実なのである。

片方だけの草鞋が残された理由はわからないが、お礼と考えるにはいささか不気味な代物だ。

何より、そんなことがあったにも拘らず、

「いつかまた、その人が帰ってきてくれるかもしれない」

と家族の皆がにこやかに語っていたことが印象的であり、不気味だった。まるでこの奇妙な出来事を楽しんでいたようにさえ見えた。

誰も知らないあがたさんより、知らない人が家族に紛れ込んでいたことを怖がる素振りもない家族のほうが、私にとっては恐ろしい。

ある種、座敷わらしにも似ているが、感じからしてそんなに良いものではない気がする。

第四家「おじさんの死について」

実家に久しぶりに帰省していた葉子さんが買い出しから帰ってくると、母が居間で懐かしそうにアルバムをめくっていた。

「何、見てるの？　懐かしいわね」

「でしょう？」

母はにこりと笑ってページをめくる。

葉子さんは自分も一緒に見ようと、母の隣に座って覗き込んだ。

少し黄ばんだ台紙。そこに幼い頃に撮った家族写真が思い出を閉じ込めて並んでいる。

ただそこに、うっすらと違和感めいたものを感じた。

どの写真にも知らない男が写っている。

笑顔の家族とは対照的に、どれも無表情で死んだ魚のような目をしている。服もいつも同じ開襟シャツに青ズボン。短髪で、四十代くらいだろうか。

「この人、誰？」

母に聞くと、さも当たり前のように、

「やだあ、ヨシオおじさんじゃない」と言って笑う。

しかし、そんなおじさんは知らない。

一緒に写っている写真もたくさんあるのに、知らない。——というより、記憶にないのである。

幼い頃の写真だけでなく学生時代の写真にも一緒に写っているので、会ったことがあればわかるはずである。

しかし、わからないのだ。

何度も聞いては怒られるので見なかったことにした。

帰省から戻るとまた忙しい日々がやってきて、毎日仕事に追われた。

季節は巡りまた長い休みがやってくる。

再び実家に帰ったときに例のアルバムが気になり、押し入れから引っ張り出して開いてみる。

するとあんなに写っていたヨシオおじさんなる人物の写真がどこにもないのだ。たまたま廊下を通りかかった母におじさんの写真はないかと聞くと、途端に母の目が死んだ魚のように澱んだ。そして、

「あんたが知らないふりしたからヨシオおじさん死んじゃったんだよ。明日葬式だから準備しなさい。言っとくけど、あんたのせいだからね」

そう、言われた。

翌日は本当に葬式で、喪服姿の親戚がたくさん集まったが、それが妙な葬式だった。鯨幕も張らなければ、忌中札もない。葬式というにはあまりにいつもと変わらず、ただ台所の隣の六畳間を埋め尽くさんばかりにたくさんの人がぎゅうぎゅう詰めになっている。

すると、母があのおじさんの写真や家族写真が入ったアルバムを手に持って現れ、ガスコンロの火をかちりとひねって点火。暖炉に薪をくべるようにアルバムを燃やすのだ。

めらめらと燃え上がり、瞬く間に真っ黒になったアルバムをバケツに放ると、一同はわははと腹を抱えて笑った。

気持ち悪い光景だったという。

それからは、家族でヨシオさんの話をすることは一切禁止になっている。

あの葬式は、誰を弔ったのだろうか。

そんな奇妙な体験が葉子さんにはある。


「どう思う?」

そう聞かれて、筆者も困ってしまった。

ただ、毎年あのヨシオさんの葬式をやった日になると、堪らなく哀しい気持ちになるのだという。

なるのだけれども……それでもやっぱり葉子さんに「ヨシオおじさん」の記憶はない。

第五家「マトリョーシカ」

岡島さんという男性が小学生だった頃のこと。

友人の和田君から奇妙な話を聞かされた。

「僕のせいで、やばたくんの家族がばらばらになった」

話はそんな前置きからはじまる。

和田君の家には階段下に納戸《なんど》があったという。

いろんなものを収納する小さなスペースで、その納戸にいつも玩具を入れていた。それを出そうと戸を開けた和田君はおや？　と思った。

中に、見慣れないものがある。

壁も屋根もドアも、すべてが墨を塗りたくったように真っ黒な家。

大きさはちょうどドールハウスくらい。

ただ、今まで一度も見たことがないものだった。

自分のために父と母が買ったものだろうか……それにしてはなんだか気味が悪かった。

見ていると、その黒い家の窓からこちらを見ているような視線を感じた。

男と女と子供が二人。家族だろうか？

家のサイズとマッチした小さな人らが四人並んでいた。

表情もよくわからない。ギリギリ服装や髪型で性別がわかる程度だ。

次の瞬間、和田君は扉に手を突っ込んだ。

中をまさぐり、ぐわんと逃げる人たちを掴んで、そのまま首だの手だのをもぎり散らす。

なんだか無性にそうしたくなったのだという。

ただ、不思議に血は流れない。ぐったりとした人たちは玩具のようで味けない。

遊びに飽きた頃、辺りは惨状だった。

血は出ないとはいえ、これは人殺しだ。

急に恐ろしくなり、扉を閉めて見なかったことにした。

ただ、それから近所のやばたさん一家がやたら自分を怖がる。

自分を見ると顔をしかめて行ってしまう。

(子供を怖がるなんて変な人たちだな。何もしていないのに)

そんなふうに思っていると、母親からこんな話を聞いた。

近所の方との茶飲み話で聞いたそうだが、やばたさんがなんだか変なことを言っているらしい。

「和田さんのところの坊やが夢に出てきて、自分たちを巨大な体から伸びている腕で掴んでは残虐なことをする」

もちろん周りはそんな世迷い事など信じないし、鼻で笑う者までいた。

だが、それからしばらくしてやばたさん一家はどこかに越していき、姿をくらませた。

風の噂では、一家は文字通りばらばら。一家離散となったらしい。

空き家になったやばたさんの家はその後売られ、買い手がついた。

和田君は岡島さんにこんなふうに言った。

「今度はさ、僕があある気がする……」

引っ越しを機に会わなくなったが、今でも和田君はあの黒い家の悪夢を見るという。
黒い家には自分が閉じ込められている。

家の中に家がある光景。
なんだか私にはロシアの民芸品のマトリョーシカに思えた。

第六家「逆雨」

その日、中谷さんは通っていた小学校から自宅へと帰った。

ただいまと言って、手洗いを済ませリビングに向かう。

やがて雨が降ってきた。

しかし、降り方がどうにも不思議だ。

雨は小さな屋根のついた車庫付近だけに降っている。

一瞬、音がかき消える。

世界中から音がなくなったような感覚だった。

おまけに雨は下からせり上がるように、上へ上へと、雫の一粒一粒がゆっくりと上昇する。今の今まで落ちていたものが落ちる間際で向きを変え、落ちることを諦めたようにさぁーっと舞い上がる。

呆気に取られてそれを母と見ていたが、しばらくすると音が戻ってきた。

ざぁーっという雨音が押し寄せるように鼓膜を震わせる。
とりあえず先ほどのことは見なかったことにしたが、途中で帰ってきた父曰く、
「一日中今日は晴れ模様だった」というのである。
二人が見た逆さに降る雨とは一体何だったのだろうか。

第七家「母のぬけがら」

「私と母の思い出です」
そんな前置きをして国松さんという女性が私にこんな話を聞かせてくれた。
子供の時分、たぶん六歳頃かな。ひょんなことで母が私を叩いた。
多分くだらない理由だったと思う。
でも、母にはそれが勘にさわったらしく、以来虐待めいたことをずっとされた。
母が死ぬまで続いたからだいたい、五年かそこらかな。
十一歳ぐらいになると、母は入院し、流れ作業のようにスムーズに死んでいった。
呆気なかった。
あれほどまでに自分を叩いた母が最期は痩せ細り弱々しく見えたものだ。
聞かせたいのは私が虐待されていたときの話。

自分の部屋にある押し入れに、なぜか「母」と呼んでいた何モノかがいた。

記憶の中に、うすらぼんやりと残っている。

干からびたミイラのような見た目だが、なぜか私は拠《よ》り所のように思っていた。

狭苦しい一畳弱しかない押し入れの闇の中に、壁に寄りかかるようにして「母」はいる。

声は母にそっくりだが、見た目はまるで違うので、それを「母」と呼んでいたのは自分でも滑稽だなと思う。だが、他に頼れるものがない自分にとっては、そんなものでさえも愛せるくらいには狂っていたのだと思う。

ある日、家に帰ると部屋の中が荒れ放題。

誰のせいかは明白だったが、逆らうのは怖いのですべてをあの押し入れの「母」のせいにした。

それから母に受けた虐待をそのまま「母」に返す理不尽極まりない日々を過ごした。

それはいつしか楽しみになり、押し入れの「母」を叩く、蹴る、殴るでは飽き足らず、ライターの火で炙るような度が過ぎた悪戯もした。

そんなある日、押し入れの「母」がいっそ殺してくれないかと言ってきた。

さすがにそれはできないと言うと、悲しそうにそうか、と一言呟いて「それなら」と続ける。「母」は、自分にお母さんの髪の毛か爪を持ってきてくれないかと懇願した。

仕方なく持っていってやると風呂場の排水溝に残っていた髪の毛を素麺のように啜って、食べた。

うげぇという嗚咽が漏れたあと、

「ごちそうさん」

偽物の「母」はそう言って、にたにたと嗤った。

本物の母が死んだのは、そのすぐあとだった。

「だからたぶん、私のせいですね。母が死んだのは」

自殺も何度か考えたが、母が死んで思ったのは「案外、私、母が好きだったんだな」ということだ。

だから余計に、その押し入れの母が憎くなった。

それでも殺したいとは思わない。

なぜなら、母が死んだその日から、偽物の「母」は完全に母の顔になったからだ。それも自分を虐待しているときの、あの嬉しそうな顔のまま私に笑いかけてくる。

それが堪らなく気味が悪い。

だから、死ぬに死ねないのだという。

自分も死んだらああいう不気味なものに変わってしまう……そんな予感がして。

母が死んだあとに残されたのは、虐待されていた記憶と優しかった頃の数少ない母のぬくもり。

そのふたつが、今も記憶の中に焼き付いている。

そんな母の顔をしている母であって母でないものが、今も悪意を持って自分に笑いかけているという。

第八家「迷い盆」

平塚さんの祖母の家では盆の時期、決まって家の中で子供が神隠しに遭った。

神隠しと言っても永遠に消えてしまうわけではなく、ほんの数時間のことなのだが、昔から何度もそういうことがあり、やがてお盆に子供らを呼ばないようになった。

昔、どうしても盆の時期におばあちゃんの家に行きたいと駄々をこねたことがある。

根負けした両親が仕方なく連れていってくれたが、あんな怖い思いをするなら行かなければ良かったと今は心底そう思っている。

その日、平塚さんは畳の部屋で昼間から寝ていたという。

ふっと目が覚めて、辺りを見渡すとやけに静かである。話し声ひとつしない。

家族は出払ってしまったのか、家の中を探すも誰の姿も見当たらない。

そこで恐ろしいことに気が付いた。表に出るための入り口がない。

玄関の引き戸、勝手口、窓という窓、すべてが消えている。

（このまま一生、出られないかもしれない……）

恐ろしさと心細さに泣いていると、ふと隣に気配を感じた。いつの間にか老婆が一人、平塚さんを慰めるように傍らに寄り添っている。

老婆は大丈夫だよとでも言うように優しく微笑むと、両手で平塚さんの目を塞いだ。

時間にしてほんの一、二秒。またパッと老婆の手が左右にのけられると、目の前には洗濯物を畳むおばあちゃんがいた。

きょとんとしている平塚さんを見て、「どうかしたのか？」と問いかける。

彼女は今さっき体験したことをうまく言葉にできず、何でもないと誤魔化した。が、おばあちゃんはすっと目を細めると、ぼそりと呟いた。

「見たの？」

平塚さん曰く、誰もいない家の中で出会った老婆とおばあちゃんは別人で、親戚や御先祖様でもなく、全く見たことのない人だったらしい。

お盆は迷わされる。

今もその家ではよっぽどのことがないかぎり、お盆に子供は入れない。

第九家「たがねさんち」

生天目《なばため》さんのもとに、ある日突然、同級生からの手紙が届いた。

独り暮らしをしていることを知らなかったのだろう、実家の住所に送られてきたものが転送されて手元に届いた。

妙な内容だった。脈絡もなく、いきなり「たがね」なる家の話が書かれている。

たがねさんの家とは、死にたい人間だけがたどり着ける家であり、彼は一度だけそのたがねさんの家に行ったことがあるという。手紙の最後は、

「おまえも自殺を考えているなら行けるはず」

そんな不吉な言葉で終わっていた。

気味が悪いので相手にしなかったが、後日もう一度その「たがね」という名前を聞くことになる。

「たがねさんの家、見つけたかもしれないんだ」

手紙を実家に寄越した同級生から電話が入ったのだ。

わざわざ実家に携帯番号を聞いたらしい。意気揚々、電話越しにはしゃぎながらそう話す。

適当に聞き流したが、数ヶ月後また連絡がきた。

「駄目だった」

開口一番、悲しそうに友人は言う。

詳しく話を聞けば、

「たがねさんの家に行けるのは、本当に死にたい人間だけ」

「僕にはその覚悟が足りなかった」

「たがねさんの家で死のうとしたけど、無理だった」

という。どこにたがねさんの家があるのかと尋ねると、意外にも自分の家から程近い、「川崎」という独居老人が住む家の住所だった。

「いや、あそこは川崎さんの家だろ」

そもそも名字が違う。すると友人は、

「たがねさんの家はその時々によって変わるんだよ、常に移動しているんだ」

大真面目に妙なことを言うので、笑ってしまった。

ただ、それからやけに「たがねさんの家」というものが気になって仕方なくなった。

探したい。

見つけたい。

そんな欲求が日ごとに強くなる。

「でね、ついに見つけたんですよ」

生天目さんはきらきらと目を輝かせ、ぐっと前かがみに顔を寄せた。取材中、筆者と向かい合って話しながらのことである。

「今度、そこで死のうと思うんです」

希望に満ちた声でそう宣言すると、目の前に古い紙の束を出してきた。

「それは何ですか?」

聞くと、生天目さんは秘密を囁くようにこう言った。

「たがねさんの家はね、ひとつ見つかると芋づる式に次々と見つかるんです」

今ひとつ要領を得ないが、とりあえず話の先を促す。

「まず、営業の仕事でお邪魔した家がたまたま、たがねさんの家でした。次は散歩中にふと見かけた廃屋。これがまたたがねさんの家でした。なぜわかるかというと、たがねさんの家には〈証〉があるんです」

〈証〉――。この意味はのちにわかる。

「そして、最後に見つけたのがあの家でした」

すなわち、今度そこで死のうと決めた家。それは、山中にある廃屋の水車小屋だった。

「一目見て、ここしかないと思いました。ちゃんと遺書もありましたから」

遺書。つまりそれがたがねさんの家の〈証〉なのだろうか?

筆者の推測を肯定するように生天目さんは頷いた。

「たがねさんの家には決まって隠れた場所に遺書があります」

遺書の文面はバラバラだが、世の中を悲観し、絶望している点は一緒で、しかもその筆跡には見覚えがあった。水車小屋にあった遺書も同様だ。

つまり、すべて生天目さんの字なのだという。

当然書いた覚えはないし、初めて来た家なのだから隠すなんてことは不可能だ。

最初に見せられた紙の束――遺書群の一番上に、その水車小屋で見つかったという遺書もあった。が、果たしてそれが彼の字なのかというと私にはわからない。

そこで、何か目の前で書いて見せてくれと頼んだ。見比べてみると、確かに似ている。素人目ではあるが、ほぼほぼ生天目さんの字といって差し支えはない。

ただし、他の遺書に関しては彼の字ではなかった。ここに彼の主張との食い違いがある。恐らくであるが、遺書は生天目さんの目にはすべて同じに見えている。

しかし、筆者には水車小屋で見つかったもの以外は別人が書いたものに見える。

そもそも、廃墟以外のたがねさんの家にあった遺書はどうやって手に入れたのだろという疑問が湧いた。聞いてみると、住人の方に「何か身に覚えのない手紙、遺書のようなものが家にありませんか？」と水を向けるらしい。そうすると「あ、そういえば……」という流れになるというのだが、普通は遺書などあっても他人には見せないだろう。

だが、身内の書いたものでなければどうか？　家によくわからないものがある。偶然見つけた。ひょんなところから出てきた。そのタイミングでそんなことを聞かれれば、不安も手伝って見せてくれることもあるかもしれない。

探索を続けるうち、生天目さんは確信した。

たがねさんの家には必ず「自分の字で書かれた遺書」がある。

それこそが、たがねさんの家の〈証〉であると。

なぜ生天目さんだけにそう見えるのか理由は判然としないが、家人に見覚えのない遺書が複数の場所で見つかっていることだけは事実であるようだ。

しかし、たがねさんの家を探すのに、片っ端から「お宅に遺書はありませんか？」と聞くのは現実的ではない。そこを突くと、生天目さんは、なんだ、そんなことかと笑った。

「〈証〉はふたつあるんですよ。遺書はだめ押しの証拠みたいなもので、最初にそこがたがねさんの家だと気づくのは、アレがいるからです」

アレがいること。それがたがねさんの家の共通項、ひとつ目の〈証〉なのだという。

しからばアレというのは何なのか。

「女性の形をした、黒いもやもやとした影です。幽霊かどうかはわかりません」

とにかくそれが目印だから、探すときはそれを目印に見つけるといいと生天目さんは言う。

「ただ、たがねさんの家は移動しますよ。たがねさんの家になると、雰囲気ごとがらりと変わるんです」

アレというのが家々を渡り歩く存在で、それが居着いた場所がたがねさんの家になるのかと聞いたが、そうではないと言う。家の幽霊とでも言うのか、目に見えぬ家が別の家に乗り移る感覚だそうだ。アレは家の表札のようなもので、あくまで目印にすぎず、それ自体には〈意思〉がないから怖くも何ともないという。

実に奇妙な話だが、現代の「迷い家」とも言える話ではないだろうか。

晴れ晴れとした顔で、今度死ぬのだと語る生天目さんに、「死ぬな」「希望を持て」といった有り体な言葉を残すことはできぬまま、その日の取材を終えた。

後日、生天目さんの友人数名に話を聞くことができた。

「あいつの家、黒い変なのがいるんです。シルエットからして女かな。だから気持ち悪くて長居はできないです。空気が澱んでて……」

どうやらたがねさんの家は、水車小屋から生天目さんの家に移ったらしい。

そこでふと思った。

水車小屋は、生天目さんにたがねさんの家探しをやめさせる〈囮《おとり》〉だったのではないか。これ以上詮索しないよう、〈家〉に仕向けられていたのではあるまいか。

いずれにせよ、水車小屋から持ち帰った遺書を含めると、生田目さんの家にはふたつの〈証〉が揃ってしまったことになる。

一体これから何が起きるのだろう。

そんなわけのわからない話を蝉しぐれの中、夏場の暑い時期に聞いた。

第十家「厠坊主《かわやぼうず》」

古い家に出る妖怪の話をいくつか知っている。

その中に厠坊主というのがある。

時任のぞみさんという女性から聞いた話だ。

「うちは明治時代からある旧家ですが、トイレに住んでいるおじいさんがいるんです」

そのおじいさんは何でも知っている。

亡くなったおばあさんに聞いた。

トイレには「厠坊主」という神様が住んでいて、一人三回までなら質問に答えてくれる。

やり方は簡単だ。夜、トイレの扉をノックしてこう話しかける。

「厠様、厠様、どうか教えてください」

おばあさんが自分の真似をするようにと言い、その通りに話しかけてみる。

おばあさんは、それを「御伺いを立てる」と言っていた。

具体的に聞きたいことを言う必要はない。今一番聞きたいことを、厠様は教えてくれるというのである。ちょうどそのときは、

『明日のテストは……』とおじいさんの声でテストの答えを教えてくれたという。

おばあさんはのぞみさんに、こう念を押すことも忘れなかった。

「三回までだからね」


しかし、のぞみさんはどうしても知りたいことがあった。

初恋の人が自分を好きになってくれるにはどうすればいいか、それだけは知りたかったので、厠坊主に聞いてみることにした。

夜中にトイレに行き、扉の前に立ってノックをする。

「厠様、厠様、教えてください」

そして意中の人が自分を好きになってくれる方法を聞く。

するといつもとは違うやけに低く冷たい声で、

『よんかいめ』

と聞こえる。

のぞみさんは、これが四回目の願い事だと気づいた瞬間、恐ろしくなり慌てて部屋に戻った。が、翌朝、様子がおかしいことに気づいたおばあさんに「何か隠してはいないか」と問い詰められた。

あまりの剣幕に隠しきれず本当のことを話すと、おばあさんは哀しそうに「そうか」と深いため息をついた。そのままトイレに入って扉を閉めてしまい、もう一時間以上出てこない。

心配した家族が見にいくとトイレには鍵がかかっておらず、もぬけの殻。

ただ、おばあさんが自分に宛てた手紙が置いてあり、そこには一言だけ、

「のぞみへ、あとはおばあちゃんがなんとかするから大丈夫だよ。これからは願い事は自分の力で解決しなさい」

と、書かれていた。

それ以来、おばあさんは神隠しに遭ったように跡形もなく消えてしまった。まるで禁を犯した自分のかわりに連れていかれてしまったように思えて苦しかったという。

以後はおばあさんの言いつけ通り、のぞみさんが厠坊主に何かを聞くことはなかった。不思議なことに、家族はおばあさんのことを何一つ覚えていなかった。一緒に住んでいたことはおろか、最初から存在しなかったかのように言う。

自分の記憶の中では確かにおばあさんがいたが、その面影も日に日に薄らいでいて、今では自分だけがわずかに憶えているおばあさんの存在も、厠坊主の話も、本当の話だったのか自信がないという。

ただ、自分には大切な人だったから、とおばあさんの残した手紙だけは、肌身離さず持っている。これだけがおばあさんがいた証だとのぞみさんは少し哀しそうにこの話をしてくれた。

※厠神という妖怪がいるが、これもその類いだと思われる。ただ、厠の神様に御伺いを立てるというのは珍しい話だと思いここに記す。

第十一家「らくがきの家」

椎名さんは、仕事柄長らく帰省していなかったが、休みを貰いようやく実家に帰れることになった。

それというのも留守番電話のメッセージに、再三母の声が録音され「いつ帰るんだ、顔くらい見せろ」と言われていたからである。

ずっとこちらからは連絡していなかったため、帰るのはばつが悪かったが、一度も帰らないままでは心配をかける。ゆえに仕方なしの帰郷だ。

椎名さんの実家はかなりの田舎にあり、駅から徒歩で三十分ほどの道のりだが、どうせならば懐かしい景色を眺めながら帰ろうと、農道をとぼとぼと歩く。

その最中ある記憶が脳裏によみがえった。

幼い頃に、実家から少しだけ離れた場所にある一軒家に老婆が住んでいて、その老婆と壁に絵を描いた思い出だ。

自分は、いろいろな色のクレヨンを使うのに、老婆は黒だけで何かの模様をひたすら描いていた。それを自分も真似して描くと、老婆は歯のない口で嬉しそうに笑った。なぜ、老婆の家に行ったのかは定かではないが、その老婆との時間がとても楽しかったことは憶えている。

家に着き、待っていた父母に出迎えられたが、どうせならあの老婆の家に行ってみようと、父親の自転車を借りて向かった。

記憶を頼りに一時間ほど走り、ようやくたどり着いた家は、既に空き家になっていた。荒れ果てた中に入ってみると、リビングの大きな白壁いっぱいに絵が描かれている。老婆と描いた絵に間違いない。が、絵を見るなり仰け反った。

その絵を埋め尽くさんばかりに、

〈さみしい、さみしい、さみしい、さみしい……〉

と、夥《おびただ》しい数の文字がまるで呪詛のようにびっしりと書かれていた。

怖くなって帰宅し、久しぶりに家族水入らずで夕飯を食べた。

食べながら、あの老婆の家のことを聞いてみる。

するとと父母は、あまり触れてほしくないような顔をした。

それでも気になるので重ねて聞くと、

「あの家は、家族が住んでいたはずだけど、おばあちゃんなんていなかったわよ」

沢田さんのお宅でしょ、と母親が言う。場所を確認するが、間違いない。

沢田さんの家は四人家族で、特に近所でもなかったが、たまに奥さんに会うと不思議なことを言っていたという。

「目を離すとね、壁に誰が描いたんだか子供の落書きがあるんだよね、気味が悪いったらありゃしない。消してもまたいつの間にか描かれてるんだよ」

その後、沢田さん家族は一家離散、兄弟の下の子以外亡くなったと父母から聞いた。

まず、奥さんが自殺。

御主人と上の子も、移り住んだ先で亡くなったと風の噂で聞いた。

椎名さんが、実家を出たすぐ後のことだという。

椎名さんは混乱した。

自分が、老婆の家だと思っていたのは実は間違いで、あの老婆は存在しなかった。

ただ、だとしたら……自分が老婆と壁に落書きをしたのは楽しい絵などではなく、何か得体の知れぬ呪術的な……家族を破滅させるような禍々しいものだったのかもしれない。

あの老婆は、一体何者だったのか。なぜ自分はそれと接点を持ったのか。

今となっては知ることはできないが、唯一生き残っている遺族をなんとしてでも探しだして謝りたいと椎名さんは言う。

——とここまでが最初に取材して御本人から伺ったことである。以下はその後、もう一度近況を伺った際の後日談である。

椎名さんは自宅を捨て、例の空き家を購入して住みはじめていた。

時々、無自覚に壁に「さみしい」と書いてしまうことがあるらしい。

しかし、いくつも書いた字は、不思議なことに自分の字ではない。

どの字も異なる、複数の筆跡であった。

幼い頃、老婆に出会った最初から、ここに来るように仕向けられていたのだろうか。

そんなことを考える。ここに居ればまた会える気がすると、椎名さんは今もその家で暮らしている。あの老婆にもう一度会いたい、そんな気持ちが少なからずあるのだろう。

「理解できないでしょうね。思い出に囚われているのだと思いますが、正直、自分でもわからないです」
椎名さんはそう言って、苦笑《にがわら》うばかりだった。

第十二家「同級生・起」

その日、池中さんはポストに葉書が入っているのに気づいた。

それは、同窓会のお知らせの葉書で、幹事は、菊池という同級生の名前だった。

菊池が幹事なら面白い同窓会になる。

そんなふうに思いながら、一路故郷の町に帰った。

池中さんの故郷は宮城県にある。

季節は中秋だったが、その日は寒さをあまり感じない暖かな日だった。

とりあえず長らく会っていない父母に挨拶に顔を出そうと実家に向かう。

滅多に故郷に帰ることはないので、むしろ同窓会が故郷に帰るいい機会になった。

父母はよく帰ったなと喜んでくれたが、荷物を置いてすぐ、翌日に同窓会が行われる母校の小学校に向かった。

実は、これから母校は廃校になってしまうため、最後の姿を目に焼き付けようという卒業生などが毎日のように来ている。

今日もまたそんな卒業生たちが訪れていて、先輩含め懐かしい顔ぶれが集まっていたが、その中に、同級生の友人たちがいた。

「久々だなあ、今何やってる？　嫁さんができたか、子供はいるのか」

そんな会話を交わしながら夕暮れの道をそぞろ歩き、

「それじゃ明日、同窓会よろしく！」

と言って、それぞれの帰路に分かれた。

実家に帰り、葉書をもう一度確認してみて目を剥いた。

持ってきた葉書が別のものに変わっている。

それは、ある人物の葬儀を知らせる葉書だった。

故人の名前は、浅川照彦。

見知らぬ名前に戸惑っていると、両親が来たので聞いてみた。

「同級生に浅川照彦なんていたっけ？」

両親も知らないようだった。

その名前は、あとで調べるとして、そもそも葉書がすり替わっていることに理解が追い付かない。おまけに、浅川照彦なる人物の葬儀の日付が同窓会と同じことにも気持ち悪いものを感じていた。

しかも場所が、学校と同じ住所。

そこにはそもそも学校があるし、近場に葬儀場などはないのである。

誰なのだろうと考えあぐねたが、幹事の菊池に確認したところ、「同窓会の知らせなんて出していない」と言うのだ。

ついさっき学校で会って、明日の同窓会が楽しみだなと言っていた同級生にも連絡してみたが、同窓会なんて知らないし、そもそも故郷にも帰ってきていなかった。

自分は、一体誰と会話していたのか。

学校に集まったたくさんの人の中からなぜあんなに容易く見つけられたのか考えてみればおかしな話だが、久しぶりだなと言っていた友人たちが誰だったか、小一時間も経つともう顔や名前を思い出せなくなっていた。

気持ち悪いものを感じたので後ろ髪は引かれたが都会に一度帰ることにした。

帰京してすぐ、住んでいるアパートの隣に、単身者の女性が引っ越してきた。

その方の名前を樋口香苗さんとするが、とても優しそうな方で、まろみのある笑顔が素敵だなあと思わせる女性であった。

ところが、引っ越しの挨拶に来た際、香苗さんと一緒に男が付き添っていたので、何だ彼氏がいるのかとがっかりした。が、そこはにこやかに、

「よろしくお願いしますね」と笑った。

その数ヶ月後、香苗さんの彼氏が亡くなったことを知る。

事故なのか病気なのかはわからない。

ただ、その男性の名前が、「浅川照彦」なのである。

その名前には覚えがある。

あの、葬儀の葉書に書いてあった故人の名前と同じ。

そんな偶然があるのかと思ったが、鞄に入れたままのあの葉書を探すと、それがない。

ズボラな性格ゆえに故郷に持っていった鞄を財布だけ抜いて部屋の隅に放り投げていたのだから、失くなりようがないのだが。

どうにも気になり、浅川照彦について何か知っている人はいないかと、片っ端から同級生に電話をかけた。その最後に電話をかけたのが菊池だった。

幻だった同窓会の知らせだが、自分の記憶と認識では、幹事と差出人は菊池になっていたはずだ。だから最初に聞いてもよかったが、何となく最後になった。

案の定、菊池も浅川照彦については何も知らないという返事だった。

そのかわりに、妙なことを言う。

「最近、部屋の中で焚いてもない線香の匂いがするんだ」

第十三家「同級生・結」

その半年後くらいに、本当に故郷で浅川照彦という人物が亡くなったことを友人づてに知った。町内の回覧に忌中のお知らせでその名があったらしい。

同級生でも何でもない赤の他人だが、その名前にはさんざん振り回された。気になるので、無理に休みを取り再び故郷に帰った。

実家は今、妹夫婦が同居しているので行くのは少し気を遣う。だから実家には寄らずにそのまま浅川照彦の家に行くことにした。

浅川照彦の家は、あの学校の真裏にあった。

こんな場所にいつからとは思うが、だいぶ古い家なので、かなり昔からあるのだろう。

しかし思い出や記憶の中には一切覚えがない。

こんなお化け屋敷みたいな家があれば気が付きそうなものなのだが。

家の前まで来てはっとする。

明らかに廃屋なのだ。

電気メーターも回っていない。

しかし、玄関の引き戸の前には花束が置かれている。

粗いガラス戸の向こうから皺だらけで褐色の老婆の顔が覗いた——気がした。

気味が悪くなり、すぐにその場を離れた。

とりあえず友人たち、まずは菊池を訪ねてみようと考えた。

菊池の家は同じ町内にあるとは聞いていたが、詳しい場所を知らなかったので、別の友人に聞いてみる。すると、

「菊池はもう何十年も前に死んだよ、葬儀もやった」

というのである。

「寝耳に水」である。

しかも、おまえも知っているだろう、葬儀に出たのだからと呆れられる。

菊池が死んだことなど知らなかった。信じられない。

あの同窓会のお知らせ以来、自分は二度彼に電話をしているし、その声は間違いなく菊池であった。

しかし、おかしいこともある。

付き合いのある友人の家がわからないなんて、それこそおかしくはないか？　高校や大学の同級生ではなく、小学校の同級生なのだからそもそも家は近所だ。

もっと奇妙なのは、その菊池の家は、あの学校の真裏にある浅川照彦の家と同じ場所だというのだ。友人曰く、

「菊池の親父さんが借金をこさえてさ、寝たきりの母ちゃんを看病して菊池もたいへんだったんだろうな……だから自殺なんかしたんだろうよ」

菊池の死因は、首を括っての自殺だというのだ。

それ以上何も言えなかったが、おかしなことが多すぎる。

まずは、菊池の顔も下の名前も思い出せないこと。

そして不可思議なのは、あの学校裏の家の存在だ。

菊池とは何度も会って話した記憶があるのに、顔を一切思い出せない。

そして浅川照彦とは何者なのか。菊池とどんな関係があるというのか。

自分は一体どうしてしまったのだろう。何もかもが曖昧で心許ない。同窓会の知らせを受け取ってから、ずっと悪夢の中を彷徨い続けているようだった。

故郷を離れる前、もう一度あの学校裏の家に向かった。

家は、解体作業の最中だった。

重機がばりばりと家を取り壊していく。

何人かの野次馬の中に、花束を抱えた女性がいた。

何となく気になり、話しかけると、意外なことがわかった。

菊池の家には以前、浅川照彦いう人物が年老いた母と一緒に暮らしていたのだという。菊池の一家はその後にあの家に越してきたことになる。しかも、浅川照彦は借金を抱えた父の肩代わりでたいへんだったと、どこかで聞いたような話を女性から聞いた。女性はその浅川照彦の恋人だったという。

直田《すぐた》、と名乗るその女性はとてもきれいだが、どこかあのアパートの隣に越してきた女性に雰囲気が似ていた。しかも下の名前は、かなえという。

同じ名前。

そして菊池と浅川照彦は、同じ境遇。

奇妙な符合を感じながら、やはり浅川照彦は実在したのだとそれだけは納得した。

アパートに帰って、故郷に持っていった鞄を開くと、中からぐちゃぐちゃになった葬儀の案内が出てきた。

故人は、菊池トオル。

命日は、同窓会の日付。ただし、二十年前だ。

そこで点と点が繋がっていくような感覚があり、ひとつ思い出した。

かつて、菊池と自分はある事情から絶縁していたのである。

それゆえに、葉書が来たときにあの野郎の葬儀になんか出るものかと握り潰したことも一緒に思い出したのである。

しかし、顔だけは相変わらず思い出せない。

そしてさらに気持ち悪いのは、自分は誰に浅川照彦が亡くなったことを聞いたのかが思い出せないのである。

何かに呼ばれたのだろうか。

それほど、自分は菊池を憎んでいたのか。

思い出せないと言えば、なぜ菊池と絶縁したのかである。重要なはずのその理由すら、まるでどうでもいいことのようにいつまでも思い出せないのである。

四人の同じ境遇の男女、そして数奇な運命にはどこか不可思議なシンクロニシティを感じる。

この話はまだ終わりではない。続きはどこかでまた書こうと思う。

第十四家「まくれる」

あまりに突飛な話だから呆れてしまうかもしれませんね。
それでもよければと、右田さんは語ってくれた。

「今日はまくれる日だから」
祖母がそう言うと、自分にはその日だけ、仮の弟ができるんですよ。
その弟をみんなは「ごぜんさま」と言っていました。
多分字を当てると、午前午後の午前。
その弟は、自分そっくりで、よく「予言」めいたことを言ってましたね。
いつの間にか現れて、いつの間にか消えるんです。
突拍子もない話に唖然としたが、「まくれる日」「ごぜんさま」というのはそういったものらしい。

だが、祖母の言う「まくれる日」はだんだん少なくなり、小学校六年にもなると、完全にまくれる日はなくなった。

弟にも会えなくなったなあと寂しく思っていると、弟が今までにした「予言」を書いた紙が、仏間の引き出しの奥にしまってあるのを思い出した。

早速家族の目を盗んで開けて見た。

そこには、大量の紙が紐で綴じられたものがあり、最も新しい日付を見ると去年の四月。そこには、

「病はないが短命」

と書かれていた。

そういえば、最近やたらと家族が優しいのが気にかかる。

だが、未だに右田さんは元気に生きている。

短命とは一体誰のことなのか。

四十を迎えた今も気になって仕方ないのだという。

第十五家「畳の刀傷」

妖怪めいた話もごく稀にあるが、こんな薄気味悪い話を過去に聞いたことがある。

「私たち互いにバツイチ同士だったんですよね」

そんな前置きをして、平川夫妻は淡々と自分たちに起きた出来事を赤裸々に語ってくれた。

恋愛結婚ってわけじゃない。互いにいい歳だし、このタイミングを逃したら一生結婚する機会もないので、結婚しようかと何となく決めたのだという。

夫婦もさまになってきた頃、夕刻、奥さんは昼寝をしてしまったのだという。

すると、六畳くらいの畳部屋を何かを引きずるような音が回る。

それは、やがて自分の周囲をドタドタと歩き回るようになった。

パッと重たい瞼を開くと、長い刀身の日本刀を持った背の低い、赤黒い肌をした痩せぎすの生き物が、自分の周りを畳に刃を向けながら刀を引きずっている。

しばらくして消えたが、刀傷はくっきりと畳に残り、ささくれたように円形に抉れてしまっていた。

あまりのことに呆けていたが、やがてその刀傷から艶かしい声がする。

おそるおそる刀傷の裂け目を覗き見る。

見えたものは、まるで地獄だった。

「旦那と、別れた前妻が抱きあっていたの」

ただ、なぜかそれがとてもきれいな光景に見えたという。

奥さんが語り終えたあと、夫も全く同じ体験をした、と話す。

夫が見たのは、

「妻と妻の前夫が抱きあっている姿でした」

ただ、と二人は少し怯えながらこう話す。

「僕たちが見たお互いの姿は、全身が真っ赤だったんです」

普通に考えれば、真っ赤な体などあり得ないし、ましてや刀傷で畳が抉れたとしても、その下には木の板があるだけで、部屋などない。

互いに夢だと思うものの、どうしても片付かないことがあるという。

「僕らの前のパートナー、つまり妻の前夫、そして僕の前妻は同じ日に同じ死因で亡くなっているんです。首吊りなんですが、移動式の仏壇にロープを回して首を絞めてといった妙な死に様でね。それが僕らが見たものと関係がある気がして、気味が悪いんですよね」

刀傷は、今もあるがそれほど深い傷痕ではない。

畳を交換しないのは、またあいつが来るような気がして怖いから、わざと取り替えないのだという。

二人が出会ったことには良くも悪くも、何か運命めいたものを感じずにはいられない。

第十六家「黒電話・前」

服部さんはその日、長らく会っていない姉から電話を貰った。

「用件は?」と冷たく問い返す。

折り合いが悪く、あまり長くは話したくなかった。

すると姉は、

「うちの実家なんだけどさ、最近おばけが出るから怖いのよ、あんたもたまには帰ってきてよね」

と、妙なことを言うだけ言ってすぐに切れた。

聞き間違いかとも思ったが、姉は確かに「おばけが出る」と言っていた。

かけなおすのは嫌だが、さすがに少し心配になった。

そこで月末に無理やり休みを取り、実家に帰ることにした。

そして迎えた月末、地方の実家に帰ると、年老いた母が出迎えてくれた。

「ああ、よく帰ったね、ゆっくりしていきなさい」

すっかり小さくなってしまった母に少し時の流れの残酷さを感じた。

気を取り直して姉はいるかと聞くと、

「お姉ちゃんは死んだよ」

と、さも当たり前のように言う。

どうやら、自分の知らない間に姉は亡くなっており、葬儀も火葬も済ませたあとらしい。

「いつのことなの？」と聞くが、母はそれには答えない。

「お姉ちゃんは昔からしっかりした子でね、それに比べてあんたはホントだめ」

子供の頃から何百回と聞かされている、いつもの愚痴がはじまった。

「はぁぁ、どうせ死ぬならあんたが良かったよ」

母は至極当たり前にそんな言葉をぶつけてくる。

あまりの言われように、そのままふらふらと二階の自室に上がっていく。

久々に部屋でも片付けようかと考える。逃避だったかもしれない。

二階に上がって、ひと息ついたところでふっと我に返る。

さも当たり前に言われたから、今の今まで気づかなかった。

姉が死んでいるならば、自分に電話をかけてきたのは一体誰だというのだろう。

それに母も……昔から姉のほうが愛されているのはわかっていたが、それにしたってなんだかおかしい。

何がおかしいのか考える前に、実家の黒電話がジリリリン……と鳴る。

しかし、待てど暮らせど誰も出ない。

母はどこに行ったのだろう。

そのとき、またひとつ頭の中の扉がぱたんと開く。

そうだ。母親は、二年前に亡くなった。

自分が看取ったはずである。

姉が死に、母が逝き、実家はしばらく放置状態にあったはずだ。

つまり、今いるこの家には誰も住んでいないはずなのだ。

急に怖くなった。

静けさがやけに怖い。

すると、誰かが電話を取った。

がちゃん、と受話器を上げる音がして、

「……かずみちゃん、かずみちゃん……」

誰かが自分の名を呼ぶ声がした。

まるで知らない女の声。

「あとは和美ちゃんだけ、死んでないのは和美ちゃんだけ」

女の声が、呪詛のごとく二階にいる自分の耳にはっきりと聞こえてくる。

そこでまた、はっと気づく。

自分は一階にいて、受話器を握ったまま耳に当てている。

何も聞こえない無音の向こうから、今度は、

「おばけが出るから怖いのよ……おばけが出るから怖いのよ……おばけが出るから怖いのよ……」

姉の声が何度も繰り返された。

慌てて受話器を放り出し、家から飛び出す。

振り返るとそこは、知り合いのおじさんの家だった。

家というよりは納屋に近いもので、ほとんど荷物置き場になっていた。

その荷物置き場から自分は今、出てきたのだ。

実家の二階にいたつもりが、一階にいて、家を飛び出したと思ったら、そこは実家ではなかった。

わけのわからぬ恐怖に包まれ、朦朧としたまま自宅アパートに帰った。


あとで聞いた話だが、その納屋ではかつて、どこからかやってきた男女二人が梁に縄をかけて、首を吊っていたことがあったそうだ。

しかし、その縊死した男女と母と姉の死、今回の妙な体験の因果関係はわからない。

ただ、今も急に鳴る電話の音は苦手だ。

電話に関して、ひとつ思い出したことがある。納屋にある電話も実家にある電話もどちらも黒電話だが、両方とも壊れていて、鳴るはずはないのだという。

だが、それがわかったところで怪異を紐解くヒントにはならない。

だから、この話に納得のいくオチはないし、今となってはあの受話器から聞こえていたのが本当に姉の声だったのか、それすらもわからないままだ。

ただ、おばけが出る、と言った姉の声は本当に何かに怯えている感じだった。

だから、姉の死には今も少なからず疑問を持っている。

姉の言っていた「おばけ」とは、あの「和美ちゃん」と自分を呼んでいた電話の声と関係があるのだろうか。

第十七家「黒電話・後」

服部さんが黒電話の話を聞かせてくれたちょうど半年後、「実はまた新しい話があって」という連絡があり、再び彼女から話を聞くことになった。

従姉のもとに新しく女の子が生まれたのだという。上に姉がいるので次女になる。その女の子を見に来ないかと電話があったので、早速出産祝いを携え、関東に住む従姉の家に遊びに行った。

いざ訪れると、赤ちゃんとの御対面も早々に、リビングに連れていかれる。そこで従姉は少し改まって、「変なことを言うようだけど」と切り出した。

「最近、上の子がようやく電話を使えるようになったんだけど、誰かと話しているみたいなのよ」

「え？　それって話してるふりをしているだけじゃない？」

子供がよくする電話ごっこだろうと言うと、従姉はそうじゃないと首を振る。

誰かと話しているのは間違いないのだという。

だったら、親戚の誰かとか、考えられる人はたくさんいる。

だが、従姉が言うには、それはあり得ないという。

上の子には、壊れた電話を使わせているから、かかってくることもかけることもできないのだ。

そんな話をしていると、リビングの隅で遊んでいた当の子供が、目の前で壊れた電話を遊び道具にままごとをはじめた。

受話器を耳に当て、

「あとはかずみちゃんだけ、しんでないのはかずみちゃんだけ」

とたどたどしくはあるが、はっきりとそう言う。

ひょっとして聞こえてくる声を真似ているのだろうか。

しかし、使えるはずはない。コードは切れている。

何よりもその言葉は、あの日実家で、いや、納屋で聞いた言葉だ。

だが、その話を従姉にするわけにはいかない。

変に怖がらせてはいけない。

必死に動揺を隠したが、子供を見る自分の目が尋常じゃないのを従姉は見逃してくれなかった。

仕方なく洗いざらい話すと、姉の話をしてくれた。

生前、姉は従姉にも同じ相談していて、「実家におばけが出る」と言っていたらしい。従姉も今それを思い出したそうだ。

そのときはただの見間違いだよと言ったものの、少し気にはなっていた。

やっと和美に話せると、従姉はどこかほっとしたような顔をしていた。

しかし、本当に従姉の子供があの見知らぬ声の女と、話していたのかはわからない。ただ偶然にしてはできすぎている。

謎は一向に解けないままだが、絡まったままの糸は永遠にほどけることはないだろう。

それ以後はもう不思議なことは起きてはいないが、「あとは和美ちゃんだけ」という言葉の意味を考えると、なにやら置いてけぼりを食らわされているような疎外感を抱いてしまう。

お世辞にも希望の持てる話ではないだろう。

第十八家「妻憑き」

佐志原さんの住んだ家は特に死人が出ていなくても、遅かれ早かれ幽霊の出るアパートになる。それは引っ越しても変わらず、佐志原さんに毒された部屋は、これまで数十件に上るという。

「なんと言うか……そう、置き土産ですね。出る幽霊は私の歴代の彼女ですが、その彼女たちのために住む部屋をあてがってやってるんですよ」

とけらけらと笑う。それでもどうしても一人だけ、最初の妻の幽霊だけは置き土産にならず、ずっと佐志原さんについてくる。

「ホント、くたばってもしつけえ奴なんです」などと困ったようににこやかな笑顔で話してくれた。

佐志原さんは来年、新しい恋人と結婚するらしい。

お幸せに、とは素直に言えないところがもどかしいところである。

第十九家「ゆきおんな」

豪雪地帯のかなり寒い地方の話だという。
冬ともなれば山々は白い雪化粧をするので、幻想的である。
これも類話のない奇妙な話といえるのではないかと思う。
中岡さんは、建物の三階の警備を太宰という先輩と任された。
「雪中警備」と聞いていたので、命がけの外の警備だと覚悟していた。
しかし、扉の内側に立っているだけでいいというのだ。
こんな簡単な仕事があるだろうか。
扉一枚隔てた外は吹雪くまではいかないが、降雪の真っ最中である。
さすがにずっと立っていると足元が冷えてくる。
歯の根が合わないほどではないが、屋内とはいえ寒いのには変わらない。
先輩曰く、このビルには怖い噂があり幽霊が出るという。

どのビルにもありがちな噂なのでたいして気にはしていないものの、やはり静かな通路に立っていると目に見えない何かが見えてもおかしくはない気がする。

おそらく先輩が自分を怖がらせるためにでっち上げた嘘だろうことは容易に想像できたが、怖いことに変わりはない。

恥ずかしながらそういう話には弱いのだ。

それを知っていて先輩は自分に怖い話をしたのだろう。

意地の悪い先輩だと心の中で悪態をついていた。

刹那、コツコツと階段を上がってくる足音がした。

ヒールの靴音に聞こえる。

じっと通路の先の階段口を見ていると、やがて女性の姿が見えた。

ただしシルエットだけ。華奢なボディラインが見てとれる。

先輩は、女性に向かって

「ゆきおんな……」

と呟いて壁に向かって突進する。

そのまま壁に体当たりをして先輩は後ろに倒れた。

すかさず駆け寄る。

怪我はないようでよかったと安堵していると、先輩は、

「やっぱり幽霊はいるんだ……」

と一言呟いてすくりと立ち上がり、また扉の前に立つ。

警備員の鑑《かがみ》だと思ったが、そのあと朝方まで先輩と警備をして帰宅したが、先輩はそのまま会社は辞めてしまい、風の噂で自殺したと聞いた。

自分の車で練炭自殺をしたという。

奥さんに、「俺、もうだめだと思う」とぼそりとこぼし、出ていった先での自死という話だった。

車の中に残されていた遺書には汚い字で、

「ゆ　き　お　ん　な　を　み　た」

と一文字一文字の間隔を空け、雑に書かれていたという。

階段を上がってきたときに先輩が呟いた「ゆきおんな」という言葉が気になるが、その女の顔を視認してしまったから先輩は死んでしまったのではないかと、そんなふうに思えてならない。

「この建物には幽霊が出る」

「やっぱり幽霊はいるんだ」

そう言っていた先輩が見たものは本当にゆきおんななのか、それはわからないが、少なくとも不可解な任務だった。

ビルで見たあの女が再び現れるような気がする。

そのときには自分も先輩のように死んでしまうのではないかと思うのだ。

自分たちが警備していた扉の向こうには何があったのか、

「雪中警備」と称された警備の本当の目的は何だったのだろうか。

ゆきおんなは影も形も出ないが、とにかく据わりの悪い話だと思った。

怪談というよりも、奇談に近いですねといった憶えがある。

第二十家「護神の御座《おわ》す処《ところ》（前編）」

宮川さんが学生時代、正確には中退していたのだが、祖父の遺言で「ある家」に住むように言われる。

ある家とは、昔、祖父が子供たちが成人するまで住まわせるようにと購入した、いわば「度胸試し」の家だ。

町外れにあり、今でも現役のぼっとん便所があるたいへんすばらしい別荘だ。

祖父はその家を「神様の住む家」と呼んでいるのだ。

その家には成人した兄もかつて住んでいたことがあり、宮川さんがその家に住むことを知った兄は「住み心地は抜群だぞ」と嬉しそうに笑うのだ。

ふらふらしているならさっさと行けと父にも尻を叩かれ、早速、その家に必要な荷物を運びこみ、住めるような準備をした。

古いは古いが二階建ての一軒家、家族四人くらいなら普通に住めるような広さの家だ。

それを一人でひとりじめできると思ったら、案外ラッキーなのではないかと思った。二階は使う気になれず、いろんな部屋で寝ればいいのにいつも一階の和室で寝ていた。

最初の数週間は特に大きなことは何もなかったが、妙な足音が聞こえたり、話し声が聞こえたりというのは普通にあった。

主に寝ているときに聞こえる。

女の声だという。

声の出どころをたどっていくと、廊下を抜けて奥の和室の前に来た。

この中から声がしている。

少しだけ、襖を開ける。

暗い部屋の中に誰かがいる。

廊下からわずかに差し込んだ明かりが部屋をおぼろに照らしている。

女だ。女がいた。

しかも頭のあるべき場所に頭がない。

かなり下のほう、足元に頭がある。

違う。逆さまだ。逆さの女が目の前にいるのだ。

慌てて閉めたのでどんな顔だったかわからないが、恐怖が体を冷やしている。

結局、その足で友人のアパートに逃げ込んだ。

父から最近どうしているかと電話があった。

あの家の話をしたら、父も若い頃にその家に住んでいて、祖父から神様の存在について も聞いていた。

だが、父には足音が聞こえたぐらいで、声も姿も見えなかったらしい。

あの家に住んでいると良いことがある。

ただ、命が削れていく気がするのだ。

長居するわけにはいけない。

だから早々に出たのだと宮川さんは話している。

しかし、そのあとその家に宮川さんの大学の後輩、モリバヤシという男が住むことになった。

宮川さんとしては自分で住むのは御免だが、本当に神様が住んでいるのか確かめたい気持ちがあったし、家探しをしていたモリバヤシにこれ幸いと、ただ同然で貸したのだ。

しばらくして、宮川さんはモリバヤシに感想を聞いてみた。

「どうだ、いい家だろ？」

そういう自分にモリバヤシは、

「いい家ですよ、ただこの家何かがいますね」

勘のいいモリバヤシは神様の存在に気づいたようだ。

第二十一家「護神の御座す処（後編）」

神様が住む家に関する、いわばモリバヤシの話のその後について聞けたのは、それから少し後だった。

折を見て、という話だったので待っていると、急に「仕事の目処がついたから」と言われ、宮川さんと待ち合わせて話の続きを聞けることになった。

あの家は予想通りと言うべきか、やはり「いい場所」ではなかったというのが結論だ。いいことが起きる、かわりに命が削られる気がする。

それをモリバヤシが身を持って教えてくれたのである。

モリバヤシとはその後も頻繁にやり取りをしていたが、ある日を境に連絡がぱったりと途切れてしまった。

気になる。

何があったのだろうと思い、宮川さんは再びあの家に行ってみることにした。

　すると、モリバヤシのバイクが庭に駐まっている。

　何だ、いるじゃないかと思ったが、留守のようだった。

　仕方なく合鍵で中に入り、靴を脱ごうとしたところで電話が鳴った。モリバヤシからだった。

「モリバヤシか？　今、どこにいる？」

「別の場所」

「べつ？　別って何だよ……」

「なあ、宮川。あの部屋あるだろ、廊下の先の、あの部屋。おまえ、昼間に行ったことある？」

「ああ、あるよ。ただ、暗くて何も見えなかったな」

「なら、今から行ってみろよ」

「え？　まぁ、いいけど」

　モリバヤシの有無を言わせぬ口調に、電話を繋いだまま行ってみる。

　廊下の突き当たりまで来て、ためらいもなく襖を開ける。

　中には夥しいほどの神棚や本坪鈴、賽銭箱や木魚、観音様、狛犬にお狐様など、神社やお寺で使う道具が大量に散乱し、それぞれが乱雑に積み重なっていた。

その有り様に、おののくことしかできずにいると、部屋の中央に携帯がひとつ、ぽつんと置かれていることに気づいた。

それは、間違いなくモリバヤシの携帯。

慌てて部屋を出て、襖を閉める。

部屋の中から、そして電話から、同じ嗤い声が重なるようにけたたましく聞こえる。

その足で宮川さんは部屋を出た。

モリバヤシにはそれ以来会ってはいない。

「ひどいと思われるでしょうが、もうモリバヤシのことはいないものと思ってます」

そう宮川さんは話し終えたが、

「神様は混ぜちゃいけないですよね。たぶん祖父があっちこっちから貰ってきたものをあの部屋に詰め込んだんですよ。結果、神社でも寺でもない魔物の住処を作っちゃったんだと思いますよ」

ただ、宮川さんの父親はあの家をわりと気に入っているようで、誰も使わないならとたまに使っているらしいが、相変わらず父親には何も見えないというのだ。

あの奇妙な部屋のことを話しても、時々笑い声や足音が部屋から聞こえる以外は何もない普通の家だという。

しかし宮川さんはあの部屋にずっといると、眩暈がする、吐き気を催すといったことがあったので、何かしら良くないものが滞っていることは間違いないし、父親にもいずれその影響が出るだろうと思っているそうだ。

「神様が住む家」は、今もある。

さすがに場所までは教えてはくれなかったが、

「まともな人なら一時間もいられないだろうと思いますよ」

と宮川さんは悪戯っぽく笑うのである。

父親は最近、「あの部屋で」亡くなったという。

それ以上は、聞けなかった。

ただ、いずれこの話にも新しい進展があるかもしれない。

そのときにはまた続きを話せるときが来るだろう。

以上が、神様が住む家のすべてである。

第二十二家「福の神を殺す話」

宮川さんの実家では、家に福の神が時折、出る。
〈福の神を家で見つけたら必ず殺さなくてはいけない〉
そんな奇妙な決まりがある。
一度だけ祖父母が福の神を殺すところを見せてくれた。
薄暗い座敷に太った男がさも自分の家のように寛いで座っている。
見たことのない男だ。
派手な着物のふくよかな男はニコニコと笑い顔を浮かべている。
まさにえびす顔。見ているだけで縁起がいいような風貌。
ほっぺが垂れて、福耳でいかにも福々しい。
その笑顔の小男を祖父母は無表情で叩いたり蹴ったりする。
どんなに蹴られようが殴られようが男は笑顔をくずさない。

やがて男がぐったりとして動かなくなると、ようやく祖父母は笑いながら、

「これで今年も安泰だ」と言う。

祖父母の傍らにはあの小男が痛々しい姿で転がっていたが、傷だらけになりながらも変わらず笑顔を浮かべている。小男は、いつの間にか目の前で畳の下に沈み、

「また来年……また来年」と言って消える。

その光景があまりに不気味で怖かった。

小男はそのときだけは笑顔を浮かべず、冷たい表情で家族を舐めるように一瞥する。その目は、福の神というより獲物を捕らえた狩人のようで、言い知れぬ恐ろしささえある。

そんな奇妙な風習のある家を継ぐことが嫌で家を捨てた。

「長男でなくて本当に良かった。あの家は異常ですよ。福の神が住み着いているなんて聞こえはいいけどあんなのは御免だね」

と眉間に皺を寄せ、険しい顔でその福の神の絵を机にあったレシートに描いてくれたがまさに想像したままの姿である。

根尾さんの兄の話では、まだあの風習は続いているそうだ。

今思えばあの小男がどことなく自分に似ていたのが嫌だったという。

普段見慣れた家族が、福の神を殺すときだけいつもは隠してる残酷さがあらわになるようで、とても見ていられないと宮川さんはいう。

第二十三家「お祓い代行」

養老さんは、いわゆる路上生活者だが、若いときには腕のいい鳶職人だった。

高いとこから落ちてしまい足に怪我を負い、鳶職を続けられなくなったのだ。

そんなとき紹介された変わったバイトがあるという。

それは二日間に渡って山に籠り、仕事をする。

「お祓い代行」なるアルバイト。

一日だけでも三十万円、二日間やれば六十万貰えるという明らかに怪しいバイトだった。

金が底をついていた養老さんは迷う余裕もなく飛びついた。

寂れた駅のバス停で待ち合わせ、とのこと。

しかも田舎の無人駅だった。

そこから数名で仕事場に向かうという。

三時間ほど走って、人家のない山道を行き、ぼろぼろの家にたどり着いた。
「皆さんにはこれからこの部屋に入って、これを読んでいただきます。それだけです」
代表らしき男性が自分を含めた数名に封筒を渡す。
番号が書かれている。
中には、一枚の紙が入っている。
夜中までは自由時間のため、雑魚寝をしていた。
やがて日が、暮れる。
一人ずつ和室に入っていく、前の人間が出てきたら次は自分の番だ。
前の男が怯えた様子で出てきた。
中に入る。
蝋燭一本灯された六畳の部屋。
締め切られた襖があるだけ。
隣にも同じような部屋があるのだろう。
貰った封筒を開く。
中には遺書がある。

女が人生を悲観したような遺書。

「私は死にます。先立つ不幸をお許しください」と、親への謝罪に始まり、後半はある女への憎しみがつづられていた。

「あの女、許さない。あの女、許さない。あの女、許さない」

同じ文面が続く。そして、

「死にます。これを読んだ人も、あの女も必ずコロス」

と書かれている。

それを何度も退出を促す声がかかるまで繰り返す。

泣きながら、怯えながら。読む。

ふいに閉じられた目の前の襖の向こうから女のすすり泣きが聞こえる。

うわあ、と思いながら必死に読む。

「私は……先立つ不幸を……」

どれくらいそうしていたか、やがて退出を促す声がし、部屋を出る。

怯えていた理由はこれか。

しかしこんなことに何の意味があるのか……。

その夜は疲れはて、用意された布団で泥のように眠った。

目覚めると誰の姿もない。

外には迎えの車が来ていて、運転手とあの代表らしき男がいるだけ。

「他の人たちは？」

と聞くと、「最初からあなただけですよ」と言われてしまう。

六十万円を貰って解放されたが、あれは一体なんだったのか。少なくともお祓いなんかではなく、むしろ、「降霊」のような得体の知れない恐ろしさがあった。

養老さんは、浮浪者仲間の間では「聖人」と呼ばれて慕われる伝説的な人物だ。

今日もきっとどこかで空き缶を拾っているだろう。

私から見ても尊敬できるとても素晴らしい人柄ゆえ、長生きしてほしいものである。

第二十四家「おとなり」

幼い頃、三枝さんは関東に住んでいたのだが、隣に奇妙な住人が住んでいた。

一家はいつの間にか隣に越してきて、最初に挨拶したのが男の人と女の人。

夫婦にはちょっと見えない感じで、なぜか互いを番号で呼び合っている。

女性のほうを一、男性を二と呼び、最初は何で番号を言うのかわからなかったが、呼び名だと気づいたときにはかなり怖かった。

とにかく得体が知れない。

特に男のほうが気持ち悪くて、まばたきをあまりせず、不自然なほどいつもニコニコと笑っている。

それに世間知らずというか、物を知らない。

あちこちを指差してこれは何だ、といちいち聞いてくる。

それに、濁点のつく言葉の発声に難があるようだ。

何となくその二点が気になった。

しかし、あるとき家族に聞いたら、お隣は四人家族だという。

怪しむ三枝さんを誤魔化すように、いつの間にか人が増えた。ただし、これまでの男女に二人加わったのでなく、見たこともない四人組にすり替わっていた。

朝、玄関の前に立ち、通りがかる人に挨拶をするのが彼らの日課だ。さも私たちはちゃんと住んでますよ、とアピールするかのように、

「おはようございます」

と元気に声を揃えて挨拶をする。

あとで家族に確認をすると、名前が田中さんだったり、井上さんだったり、島田さんだったりする。

つまり、家族によって認識している名前が違うのだ。

三枝さんは間違いなく番号で呼び合っていたのを聞いた。

ただ、表札にはいつも片仮名の「レ」が書いてあったのを何となく記憶している。

みんな名前も違ければ家族構成も違う。

もちろん、引っ越してなどいない。

ずっと同じ人が住んでいるはずだというのだ。

ただ、それぞれの認識が食い違う。

引っ越しの挨拶に来た人も、父と母と自分とで、違う人間を見ている。

老人だったり若者だったりするのだ。

それに、お隣さんは朝以外、外に出ているところを見たことがない。

仕事は何をしているのか、何で生計を立てているのか、それすらわからない。

ただ、あるときお隣さんが家を訪ねてきた。

最初に見たあの笑顔の男性が一人で来て、ものすごい早口で何かを捲し立てるようにめちゃくちゃな言葉の雨霰を玄関にぶちまけると、にっこり笑って帰っていった。父と母に、

「今なんて言ったの？　あの人」と聞くと、

「あー、引っ越すんだって」

聞き取るのも困難なわけのわからない言葉であったのに、父母はあの男の言葉を理解して、しかも同じ言葉を聞き取っていた。

それ以来、お隣さんは町から姿を消し、記憶からも消えかけていたが、何十年もして、ふと思い出し父母に聞くと、あの日聞いたわけのわからない言葉をめちゃくちゃな早口で喋り、にっこり笑ってそれ以上は何も言わない。

吃驚して声も出ない。

面食らうとはこのことかもしれない。

ただ、そんな聞き取れないほどの早口だったのに、意味がわかったのだ。

父母は、自分たちの名字を言ったのだ。

未だにいくら考えてもその意味はわからないが、何十年もして、あの場所を再び訪ねると、隣家は更地になっていた。

近隣住民に聞くと、ずっと昔から更地だったが、時折、人の気配と視線を感じることがあるので夜は怖くてまず通らないという。

第二十五家「茶室の海」

ゆみさんの家にある茶室から波の音が聞こえることがあった。

ざざん、ざざん、と。潮騒の音が、聴こえてくる。

戸に耳を当てると、確かに聞こえる。

決まって火曜日だけ。

「この部屋には海があるんだ」

幼い頃はそんなふうに考えていたが、大人になってそんなことはあるはずないと気づいた。

しかし、たまにだが父が貝殻や砂を部屋の中で見つけることがあった。

それに、たまに茶室の畳が濡れていることも。

そんなとき、畳は潮の香りがする。

それは決まって、ゆみさんが波の音を聞いていた火曜日のことだった。

「火曜日には、茶室が海になる」

そういえば、火曜日だけ茶室は使わないのを思い出した。

第二十六家「うせもの屋」

空知さんという男性に聞いた話だ。

小学校の頃、奇妙な奴がいた。

「川村といったかな、とにかく不思議な奴で、人様がなくしたものを小さいものなら、何でも一日で簡単に用意しちゃうんだ」というのである。

たとえば玩具の腕がない人には、翌日になると頼めば持ってくる。

ただでいいと言って、決してお金は貰わない奴だった。

貧乏な家庭だから、買うなんて真似はできない。

どのような手品を使ってそんなことをしているんだろうと、川村に聞くと、

「おまえになら教えてやってもいい」

と、すんなり教えてくれた。ただ、他の人間には内緒にする。そう約束させられ、とある場所に連れていかれた。

そこは、町外れにある廃屋だった。

土足で部屋に入ると、川村が暗い室内をライトで照らしながらパンと、突然拍手《かしわで》を打つように手を打ち鳴らした。

すると、天井から何かがことんと落ちてくる。

どこから落ちたのかを聞いたら、上を必死に指差す。

そこには、真新しい首だけのキューピー人形がある。

昨日三組の桜井から川村が頼まれていた奴だ。

そんな具合に、五回拍手を打ち、天井から物を出現させた。

ただし、穴などない。

なにぶん暗いのでよくはわからないが、まるで空中に突然物が現れたように見えた。

一日五回が限度らしく、

「また来なきゃな」とバッグに出てきた物を詰めて帰路に就く。

「〈失せ物を出してくれる神様〉がいるんだが、その神様は金銭的な欲求をひどく嫌う。だからたとえお礼でもお金は一切貰えないんだ。それでかわりにビスケットやチョコを貰うんだよ」

その川村も、中学校は別々だったのでそれ以来どうなったかはわからない。
嘘みたいな話だから誰も信じないだろうけど、そんなことがあったという。

第二十七家「医家の残影」

座間さんという女性から聞かせていただいたお話である。

開創器というものがある。

曲がった鋏《はさみ》のような形をしていて、両脇についている爪で、手術創を開いておくための手術道具のひとつである。

その開創器を子供部屋で遊んでいた幼稚園生の息子が、遊び道具にしていた。

当然危ないので取り上げたが、どこから持ってきたのか、全体的に錆びがついている。

まるで濡れたまま放置していたようにまんべんなく赤錆が覆っていて、元は銀色だったのであろう鋏が見事に赤黒く染まっていた。

息子に、「どこから持ってきたの?」と問い詰めると、庭を指差す。

庭に行ってみるが何もない。

ところが、戻ってくると縁側の沓脱石《くぬぎいし》に汚い革靴が置いてある。

家族の誰のものでもない。

(誰のだろう?)

そう思いながらも、その開創器を子供の手の届かない場所にしまう。

翌日も同じように息子が手術道具で遊んでいた。

鉗子《かんし》や、鉤《こう》など。

口に入れて怪我でもしたらたいへんだ。

旦那さんにそのことを話すと、今度その現場を見たら教えてくれと言われ、ちょうどその一週間後、再び息子が手術道具を手に遊んでいることに気づく。

赤く錆びたメスを握っている。

慌てて取り上げ、手や体を見る。

傷はないようだ。

良かったと安心したが、二階にいた夫を呼んでくると、メスを自分から取り上げ庭に投げつける。

怒った様子で、

「全部捨てたはずなのに!」

と滅多に怒らない夫が目を吊り上げて人が変わったように憤慨している。

そして、沓脱石には再びあの汚い革靴が置いてある。

結婚十年目にして初めて知ったことだが、夫の家は祖父の代まで医者の家系だったが、あるときから医者が家族から出なくなり、開業していた病院も潰してしまったという。

しかし、そのときに手術道具はすべて処分したので、ひとつも残っているはずはない。誰かが外から持ち込まないかぎりは。

夫はそこまで話すと何も言わなくなってしまった。

家族が病院を潰してまで医者を辞めるきっかけになった理由が何かはわからないが、家族にとって医者の家系だったということが思い出してはいけない禍々しい記憶であることは明白である。

それ以来、息子には注意していたが家にないはずの手術道具で遊んでいる出来事はなくなった。

あの汚い革靴もそのままにしていたが、いつの間にかなくなっていたという。

第二十八家「家族写真」

その日、筧さんは久々にアルバムを引っ張り出してきて、子供の頃に家族で撮影した写真を見ていたという。

家の前で撮影した写真、笑顔で父や母がカメラ目線で写っているが、不可解なことに気づいた。

どの写真も全員が写っている。

つまり、家族以外の第三者がカメラマンをつとめたということだろう。

しかし、一枚だけ全員が無表情の写真があった。

祖父の葬式から帰ってきたときに撮影した写真だと、写真の裏に書いてある。

日付はちょうど祖父の葬式の日と合致する。

ただ、誰が撮影したのかが全くわからない。

それに、アングルがおかしい。妙に下からなのだ。

まるで見上げるような角度で、小さな子供が撮影したような低いアングルだった。

いくら考えてもその日のことが思い出せない。

ただ、その翌日、家は、不審火で燃えてしまった。

赤々とした炎、母親の叫び声。

父の腕に抱かれた記憶を、幼心に覚えている。

まるでその事実を事前に知っているかのような悲しげな表情で写る家族は、ぼんやりと今はもうない家を背に立っている。

覚さんは持っているのが辛くて、その写真を焼き捨てたという。

そのトラウマからか、写真は撮るのも撮られるのも苦手だという。

父母は、もう何年も前に他界している。

写真が好きな家族だったからよく写真を撮影していた。

しかし、その多くは火事で焼けてしまった。

残った家族写真はその時々の家族との思い出を呼び起こすが、焼き捨てたその一枚の写真だけはなぜか何も記憶に残っていない。

「そんなので怪談になりますか？」

そう聞く筧さんの右手の甲には、今も火事で負った火傷の痕が生々しく残っている。
証拠と言えるものはこれくらいですね、という筧さんに返す言葉が見つからなかった。

第二十九家「墓になった実家」

戸野部さんから聞いた話だ。

「私の実家には昔から他の地域とは変わった特異な習慣がありまして。風習とでもいうのかな。家が墓なんですよ」

はじめに言っておくと、戸野部さんの実家は寺ではない。

家全体が墓というわけでもなく、あるひとつの部屋に墓があるという。

絵に描いてもらったもののピンと来ないので、とりあえず話を聞くことにした。

家人が死ぬと、普通は遺骨を代々の墓に埋葬しますよね。

うちの実家はね、家の仏間に墓があるんですよ。

墓といっても部屋の大きさはたかがしれてますからね。

小さいサイズのものだけど。

ただその墓は、家族が入るための墓じゃない。

ある一人のための墓です。

家族はその墓を、お母様と呼んでいました。

地域独特の宗教めいたものかと思いきや、やっているのは集落でもうちを含めた三世帯のみ。その他の家では、墓を家に建てるなんてことはしません。

その墓、夜になると喋るらしく、家族は、私が寝静まった頃になるとよく仏間に集まって話をしていました。

一度こっそり見たことがあります。

何を話しているのか気になって……。


墓石は苔むし、緑色になっていたが、その墓から小さな声がする。

「あとどれくらい待てばいい？」とか、「もう待ちきれない」とか。待つとか待たないとかそんな声がする。

それに対し、家族は申し訳なさそうに二十歳になるまで待っていてくださいと頭を深々と下げる。

ただの墓石に向かって頭を下げる父母の姿は憐れで滑稽だった。

それから父母はどこからか小さな女の子を連れてきて養子にした。女の子にはなぜか亡くなった曾祖母の名前がつけられた。

父母はその子を二十歳まで育てると、私にこんなことを話した。

「本当はね、おまえが二十歳になったらするはずだったんだけど」

そう言って、父母はどこか諦めたような安心したような、複雑な面持ちで私に自由に生きなさいと言った。

それから私は家を出たが、あの養子の女の子は家に貰われてきた日から少しずつ病弱になりやがて死んだ。

女の子の遺体はなぜか代々の墓ではなく、あの仏間の墓に葬られた。

それからどうなったのかはわからない。実家は昔から続く地主の家で、ずっとあの場所に住居を構えていたと聞くが、どんな歴史や謂れがあるかはわからない。

ただあの女の子はあの墓のために貰われてきたんだということだけはわかる。

自分の生まれた土地や家を悪く言うのはあまり好まないが、何か私の知り得ないおぞましい過去がある気がしていたたまれない。

もし父母が養子を連れてこなければ、私が犠牲になっていたのではあるまいか。そう思うと、背筋が寒くなる。

あの墓には犠牲になった人たちの亡骸が埋まっているのかと思うと、心底恐ろしい。

ただ、印象に残っているのは病弱になっていくあの養子の子が、とても嬉しそうだったことだ。

もしかしたら墓の中に入れることは名誉なことなのかもしれない。

そしてそれを放棄した私は家族のつまはじきものなのかもしれない。

「別に家族とは縁を切っているようなものですから関係ないですが」

戸野部さんは吐き捨てるようにそう結んだ。

第三十家「仮宿《かりやど》」

男鹿《おが》さんという御年配の男性の方から聞いた話である。

男鹿さんが住んでいた田舎の村では、猿渡《さわたり》という地元でも指折りの名家があり、男鹿さんはそこの子供と仲が良かった。

たびたび遊びに行っていたらしいのだが、いつも行くたびに不思議だった。

彼が寝室にしている部屋には小さな社のようなものがぽつんとある。

中には指人形のような、小さな手足のない木彫り細工の人形が寝かされた状態で納められている。

ただ、その人形は現在生きている家族の数だけあるようで、増えたり減ったりするらしい。

家族は木彫りの人形を「社に住んでいる」と形容するのだが、人形はひとりでに増えたり減ったりするらしく、稀に黒い人形が出現する。

その人形が現れると、生まれてくる家族の子供に障がいが出たり、もしくは死産になったりするらしい。

ただ、なぜその部屋を使うのかは、そうしないといけない「理由」があるらしく、不幸があるからだという。

まして、子供をそのような部屋に寝かすのは、おそらく何らかの意図があり、そうしなければいけないのではないかと推測できるが、それ以上はどうしても教えてはもらえなかった。

その部屋は奇妙なことに雨漏りでもないのにざあざあと雨が地面を打つような音が聞こえる日があり、家人が行ってみても床は濡れていないので、不思議なこともあるものだと思うが、天井裏には葛籠《つづら》の中に何かの生き物の亡骸があったなんて話も聞いた。

もしかしたらいくつかのまだ聞いていないエピソードが点在している家なのかもしれない。

追加取材をしようにも住所を聞くのを忘れてしまったために未だに続きを聞けずにいる未完の話でもある。

第三十一家「黴饅頭」

曳田さんは、実家の仏壇に生前祖父が好んで食べていた饅頭を供えていた。

しかし、祖父への愛情も時間が経過するごとに薄れ、やがて饅頭を供えるどころか手も合わせなくなっていた。

父母も亡くなり家は自分のものになったが、古くさい家に住みたいとは思わず都会に移り住み何年も経った。ある日、地元に残っていた友人が亡くなり久々に故郷に帰った。

葬儀が終わり、久々に自宅に帰ろうと、持ってきた鍵で玄関を開ける。

掃除などしていないから、黴の臭いと埃で長居はできなかったが、まっすぐに仏間を目指す。

仏間の戸を開くと、埃を被った仏壇があった。扉を開くと、中には線香立てと位牌などがそのままになっていて、埃が開けた瞬間に宙を舞った。

小皿にひとつ、緑色の饅頭が供えられている。

思い出した。

父母が亡くなったあと家を出ていくときに、最後にと自分が供えた饅頭だ。

それが黴で包まれ緑色に染まっている。

この家ももうしばらくすれば朽ちていき、最後には家というよりも単なる廃屋へと名称が変わるだろう。

人が住まなくなった家は、朽ちるのが速い。

言葉にできない虚しさを覚え、家を出ていく間際、ふわっと口内に甘い味が広がる。

しかし、その甘い味はすぐに腐ったような味に変わり、その場で吐き出してしまう。

玄関の沓脱石にべちゃりと吐き出した何かがこびりつく。

それは、緑色の何か。

潰れたつぶあんが見てとれたので、饅頭だと気づく。

先ほどの仏壇に供えられた饅頭なのではないかと思ったが、確かめるのも怖いので、そのまま玄関を出て乱暴に鍵を回し入れ施錠した。

「家族が帰ってくるなって怒ってるんですよ、親不孝者だから俺は……」

そうぼやく彼が家族に何をしたのかはわからない。

それ以来、曳田さんは実家を完全に見捨てた。
死ぬまで帰るつもりはないという。

第三十二家「おごめの座る梁」

丸岡さんご夫妻が新築を建てようと計画した際、祖父母から黒い立派な梁を使ってくれと譲り受けたそうだ。

その梁を家の顔となる居間の天井に使った。

その晩から、寝ていると頭上から微かな囁き声のようなものが聞こえてくる。

見上げると、あの黒い梁にたくさんの人影がずらりと横一列に並んでいる。

誰も見たことのない顔だ。

にやにやと薄気味の悪い笑みを浮かべている。

どう見ても人間ではない。

あれだけの人間が並べばたちまち梁は重さで落ちてしまうだろうことがわかるからだ。

そもそも生きている人間だとしてもあんなに高い場所に足場もなく上れるはずがない。

見なかったことにしたが、あれを見た日からどうも体の調子がおかしい。

祖父母から、最近変わったことがないかと聞かれたので、妻も子供も元気にしているとは伝えたが、何かを察したのか祖母が、

「本当に変わりないの？」

と聞いてきたので、あの梁の話を切り出してみた。

するとと祖母は、途端に嬉しそうな明るい声になり、

「そうかそうか、ようやっとおごめ様が見えたか。あんたはな、おごめ様のややこになるんだよ」

そんなわけのわからないことを言うので、もう一度詳しく話を聞いてみたという。

すると、いくつかのことがわかった。

おごめ様というのは代々家に憑く守り神のようなもので、その神様に気に入られるか見初められると、おごめ様の姿が見えるらしい。

おごめ様とは、代々の先祖が死後になるものだということもわかった。

だが、どう見てもあれは普通ではないし、神様のような存在は見えない。何より代々の先祖の魂があの世へも行けず、黒い梁に縛り付けられているなどというのは、まるで何かの罰のようで気味が悪い。

祖母の話を聞いてから、梁の入れ替え作業をして、例の黒い梁は燃やした。その灰を元の持ち主である祖父にのしをつけて返そうと段ボールに詰め、祖父宅に郵便で送りつけた。

先祖の魂は、あの世へ行けたのだろうか。それとも灰と化した梁に縛り付けられたまま、今も現《うつつ》を彷徨っているのだろうか。

ずらりと並んだ先祖たちの影が、天井の闇からじっとりとこちらを見下ろす姿は今も脳裏に焼き付いている。

何とも哀れな話である。

※この話の捕捉として、産女《うぶめ》という妖怪がいるが、名前が似ているだけでそれとはまた違う種類の怪異だと思われる。各地にこのような伝承、風習は確認されている。

第三十三家「屋敷神」

飯岡さんが、物心つくかつかないかの頃の話。

村から町に名称が変わり、ほとんどの若者が都会に憧れて、移り住んでしまうということもあり、諸々の事情から合併の話が持ち上がったという。

そんな中、集まるようにとの通達が一枚の紙で各家庭に配布された。

飯岡さんも家族で呼ばれたわけだが、集まったのは住人の過半数にも満たない人数だった。

老齢のメガネをかけた町内会長が、

「はい。今日は集まってくださりご苦労様。今から皆さんにあるものを紹介します」

そんなことを言うのである。

あるものを紹介、見せるではないから人なのだろうか。

すると、すぐに言われたものが出てくる。

正確には運ばれてくるといったほうが正しいだろうか。

一抱えほどあるような大きなゴツゴツした石が荷台に乗せられて運ばれてくる。

そこにいる誰もがぽかんとした表情になるのがわかった。

御影石というのでもない、光沢のないその辺りの川にでも落ちてそうな石だ。

父親と母親にはそう見えたらしい。

ただ、幼い彼女だけにはそれが小さな頭の禿げたお爺さんに見えた。

「今日からこの町の御神体とし、各家庭で順番に回します。最初は、須藤さんの家で」

そういうわけで、めぐりめぐって今うちの仏間にあの石がある。

ただ、父親と母親には石に見えるだけで、自分にはお爺さんが座っているように見える。

機嫌を損ねぬよう十分な配慮を。

そういった内容の長ったらしい紙が最初に配られ渡されていた。

父母は面倒を押し付けられたと頭を抱えた。

配慮とは、手荒なことはしてくれるなという意味だと父母は受け取ったらしい。

毎日その石を磨いた。

磨く役割は、自分に任された。

磨くといっても、老人だから頭を拭いてやるとか、体を拭いてやるといったほうが正しい。

毎日、毎日同じ時間に老人の頭や体を拭く。

老人は嬉しそうに自分に、「ありがとう」と呟く。

やがて別の家へと回されるまでの間、老人は食べ物を食い散らかすので部屋中に食べ滓が溢れた。

そして最後の日、明日はやっとその皆には石に見える老人が次の家へと回される日の、前夜。父母に、

「あの石だと皆が言ってるものはお爺さんに見える。どうしてみんなは嘘をつくの？」

そう当たり前な疑問を投げ掛けた途端に皆の顔が青ざめた。

「なんてことを言うの！　この子は。信じられない！」

そう言って、パンと右頰を平手打ちで叩かれた。

飯岡さんは突然の理不尽な仕打ちに泣きながら、

「じゃあこれでわかるでしょ」

と老人の頭を思い切り、殴る。殴る。殴る。

途端に皆の顔から血の気が失せる。

「ああ、神様になんてことを」

そう言って別の部屋に抱えて連れていかれる。

ただ、それからしばらくして解放され、あの老人の姿はそのときにはなかった。

それから何年もして大人になり、昔の出来事を親に話すが、「そんなことはなかったよ、おまえの思い違いだよ」と言われるばかり。

だが、祖母が一枚の写真を見せながら、こっそり自分に聞かせてくれた。

写真には幼い日の自分と家族が写っている。

中央には台の上に載せられた石がある。

「これは？」

祖母にそう聞くと、「おまえが見た老人だ」と言う。

「つまり、この石が老人に見えたおまえには不思議な力が潜在的に宿っている。おまえ自身が御神体なんだ」

祖母はそう言ったまま、少しためらいながら本当のことを明かしてくれた。

おまえの記憶は間違いではない。

ただ、おまえは養子だという。

今のこの家にあずけられたと言うのだ。

出生はわからない。

町がまだ村だった頃、道に捨てられているのを見つけたので、不憫に思った村の者に拾われた。

不思議な力があるので神様の子に違いないと家々を回されたが、結局気味悪がられ、今の家に落ちついたのだという。

たらい回しにされた記憶が、どこかでボタンのかけ違えのように混濁したのだろう。

石は飯岡さんがどこからか拾ってきたものらしく、いいものなのだろうといつの間にかただの石が神様扱いになった。

皆おまえのことは気味悪がるくせに、御利益にあやかりたいという浅ましいことを考えていたのだろうと祖母は言う。

「それでもおまえはワシの本当の孫のようだ」

と少し悲しげに祖母は泣きながら笑った。

あの笑顔を一生忘れないだろう、と飯岡さんは言う。
そして、自分も同じだとしわくちゃの祖母の手を包むように握った。
その祖母も既に亡くなってからはだいぶ経つ。
毎年のお墓参りはどんなに忙しかろうと欠かさない。

第三十四家「遠き日の産声」

ささげさんという女性に聞いた話をする。

「これは私の罪の告白でもあるんです」

そんな前置きからはじまる。

ある日、それを見つけたのは買い物から帰ってきたときだった。

居間のテーブルの上に箱がひとつ、所在なく置いてある。

どうやらそれは「葛籠《つづら》」らしい。

何となくさわるのもためらわれたので捨て置くようにそのままにしたという。

ただこの葛籠、時折姿を見せては気づいたら消えてしまう。

いつも家の中の決まった場所というわけではなく、あるときは戸棚の中や、玄関。軒下、様々な場所にあるというのだ。

まるでかくれんぼのようで、いつの間にかそれを見つけるのがひとつの楽しみになっていたという。

誰かが持ってきたものでもなく、誰のものでもないのだ。

家族も知らないらしく、聞いても不思議そうに首を捻るばかり。

そして、ある秋口のこと。

ふとテレビを観ていると、棚の上に葛籠を見つけた。

しめしめと、棚から葛籠をおろして床に置く。

葛籠は開けたことはなかったが、
中からすぐそばにあるのにまるで遠くから聞こえるように微かな赤ん坊の鳴き声が漏れ聞こえる。

葛籠に耳を当てると、確かに葛籠の中から聞こえる。

蓋に手をかける。

ごくりと生唾を飲み込み、静かに開ける。

声にならない嗚咽と悲鳴。

ぐにゃりと顔を歪ませる。

そこには、小さな葛籠の箱の中に、

まだへその緒が繋がった生まれたばかりの赤ん坊が、体を芋虫のように丸めて入っていて、か細く息をする。

微かに胸が膨らんで沈んでいくのがわかる。

呼吸している。

それを囲うようにいくつか物がある。

母の指輪と、父方の祖母の櫛。

どれも自分にとっては思い出したくない品だ。

なぜなら、母は実母ではなく継母で、よく母の引き出しから宝石類を持ち出しては、売ってお金に変えていたから。祖母のほうは、まだ元気で達者だった頃によくいびられたので、仕返しとばかりに寝たきりのベッド生活になったときに、祖母の大事にしていた櫛や、いろいろなものを笑いながら無抵抗の祖母の前で真っ二つに折るなど、人間のクズのようなことを平気でしていたからだ。

他にもよく見れば自分が過去にしでかした悪さを象徴するようなものがいくつかあったが、一番イヤなものはこの赤ん坊である。

自分は、学生の頃に結婚をして子供をはらんだが、最初の子供はどうでもいい行きずりの男との間にできた子供だったので、当然のように堕胎させた。

それがこの子だと、何となくわかる。

瞬間、その赤ん坊が自分の指を小さな手で掴んでそっと笑った気がした。

生まれたらつけるはずだった名前を呼ぶ。

頬を温かい涙が伝った。

自分は母親にはなれない。

一度手放した命だ。

何度も謝りながら蓋をそっと閉めた。

閉めた瞬間、目の前の葛籠はまるで最初からなかったように消える。

そこには伽藍としたいつもの部屋があるだけ。

罪の意識が見せた幻なのかと思ったが、不思議なことにそれからは二度と葛籠が現れることはなかった。

人間生きていれば多少の業や、垢はつくものである。

彼女に至ってはその業が形となって見えてしまったのではないかと思う。

彼女は、もうじき三人目の子を産む。名前は最初につけるはずだった子の名前から一文字取った名前にするという。

彼女には許されない罪がいくつもあるが、今はただ一人の母として懸命に生きている。犯した罪の償いは、彼女が生きて、授けられなかった愛情を今を生きる子供たちに与えることで果たされる気がする。

第三十五家「砂かぶりの家」

筆者の知人、後藤田氏が拾ってきた逸話である。

目黒さんの実家は、不可思議なことが起きるのだという。

「あのね、たとえばお茶碗とか花瓶、箱とかね、要するに入り口があったり隙間があったりするものだけじゃなく、引き出しみたいなものにまで砂がパンパンに詰まっていることがあるの」

年に数回だけど、そういう奇妙なことがあるのだという。

どこから砂が運ばれてきたのかはわからないし、人の仕業じゃないことはわかっている。

海が近いわけでも砂丘が近くにあるわけでもない、公園の砂場や、畑の近くでもない。

キメの細かい黄色い砂が、壺だの箱だのに詰まる。

「砂」に呪われているっていうのも変だし、あまり聞かない。

医者に聞いても頭のおかしな人を見るような目で見られるだろう。

だから人様にはあまり言わないし、言えない。

砂は、最初は小さなお猪口やお椀を埋める程度だったのが、やがて部屋全体を覆うまでになった。

和室を開けようと朝、襖を開いた瞬間、隙間から大量の砂が溢れだし、ざらりとした感触が足元にまとわりつく。

またもや砂である。

住んでいられないと父母や弟妹は出ていったが、長女である目黒さんは祖父母と一緒に家に残った。

しかし、朝、寝ている祖母がいつまでも起きてこないので見に行くと、口いっぱいに砂が詰まっていて整地されたようにきれいに平らに固めてある。

幸い、砂が口を塞いだのは少し前のことらしく、奇跡的に吐き出させ事なきを得たものの家の最後は呆気ない。

ある日、目黒さんは口の中や耳に違和感があることに気づいた。

祖母のように砂が入っているらしい。

気づいた途端、がりっと砂を噛む。

慌ててぺっと吐き出すと、シンクに砂の固まりがずしゃりと落ちる。

さすがの目黒さんもこれには参った。父母や祖父母と相談して、家を売り払うことに決めた。

ただ、問題はここからである。

目黒さんは確かに家族と話をしていた。

売る、売らないの問答をしていた……はずである。

父と、母、それから祖父母。弟と妹。

会話の内容まで覚えている。

しかし、気づくと日は暮れかけ、部屋の中に夕日の赤さがとろりと差し込んでいる。

薄暗い部屋を一瞥すると、そこには畳に横一列に並んだ六個の土塊《つちくれ》が人の形をなしてうずくまっているだけ。

思い出した。

自分は広い家に独り暮らしだったのだ。

そう言って、無理やり話を着地させると、唐突に目黒さんは口をぐにゃんと歪ませて、コップの中に砂を吐き出した。

それまで流暢に喋っていたので、口に含んでいたわけではないだろう。しかしながら、その日話を聞きに目黒さんの部屋に入ったときから、後藤田は奇妙な感覚に囚われていたという。

それが何かはわからない。

結局、持ち家だったその家は気味が悪いので売り、今のアパートに引っ越したというところで話は終わった。

貴重なお話をありがとうございますと家を出る。玄関で靴を履こうとすると、じゃり、と足の裏に砂の感触があった。

詰まっている。

砂が、靴に。

慌てて帰ろうとする後藤田に、目黒さんが、「またきてくださ」まで言ったところで、何かを噛んだようで、ばつが悪そうに笑って誤魔化していた。

部屋を出たところで出くわした近所の住人が、眉間に皺を寄せながら話しかけてきた。

「あそこ、怖いでしょ。あの部屋ね、窓際にたまーに六人かな、知らない男女が立っているんだよね。彼女の家族かな」

そんなことを言いながら気味悪そうに首をすくめる。何となくだが、あの六個の土塊を実家から持ってきたんじゃないかという想像が後藤田の頭をよぎった。

と、そのとき。

近所の住人のおばさんが、口をぐにゃんと歪ませながら何かを吐き出した。

「砂」

そっとその場から笑顔で後ずさる。

ただ、問題の実家のだいたいの場所は聞いていたから、どの地方のなんという町なのかまではわかると後藤田は言う。

かなり山深い場所で、最近そこで土砂崩れがあったことを知る。

ただ、彼女の売った実家も被害にあったのか、また無事なのか、それはわからない。

しかしながら、また「砂」が関係してくるのである。

ただ、なぜ「砂」なのか、皆目わからない。

そういった不思議な話を以前、後藤田という友人を介して聞いた。

第三十六家「間取り」

呉さんの実家がある埼玉には不思議な家がある。

その家は子供にしかたどり着けず、無人の空き家で、行くたびに〈間取りが変わる〉のだという。

いくつもの部屋がある場合もあるし、一部屋しかない場合もある。

ただ、家の外観は同じだからすぐわかる。

ぜひ一度見てみたいと場所を聞いて行ってみたが、そこには空き地があるだけだった。

見つけられなかったと結果を報告すると、「だから言ったでしょ」と笑われてしまう。

呉さんも子供の頃は行けたが、今は見つけることさえできない。

だから、息子に頼んで探してもらおうかなと呉さんは冗談交じりに語る。

第三十七家「葡萄の日」

二本松さんという男性から伺った奇妙な話だ。

「子供の頃、僕たちはその家をくだものの家、とかフルーツの家と呼んでいました」

関東在住の二本松さんが小学生のとき、近所にそういうあだ名のついた家があった。

壁にくだものの絵が描いてあるとか、青果店というわけでもない。

その家には子供好きなおばあさんが住んでいて、たまに子供を家に招いては孫と遊ばせていたという。

「家に入ると、その家の匂いってあるじゃないですか。たとえば畳とか、芳香剤とか、あとは石鹸とかね。ところがその家はくだものの匂いがする。だから、くだものの家と呼ばれているんだよね」

そう二本松さんは説明してくれた。

ただ大人にはわからないようで、子供だけがその匂いが嗅ぎ分けられるという。

ある子供は、桃の香りがしたと言い、またある子供は、林檎の香りがしたと言う。子供によっても感じる香りは違うらしく、重なることもあれば重ならないこともある。

ただ、葡萄の香りだけは別で、必ずと言っていいほどみんなが同じ匂いを感じている。それの匂いがするのは葬式をやっている日で、くだものの家の家族の誰かが亡くなっているのだという。

最後に二本松さんが訪れたときには、もう孫だけを残して家族は全員亡くなっていた。家族の数名は、葡萄の匂いがした日に亡くなっていることは、その日家を訪れた友人たちの話からわかっているという。その他の家族については葡萄の匂いがした日に亡くなったかはわからない。

残されたお孫さんは結局、遠い親戚にあずけられ、くだものの家もその後に取り壊され更地になってしまったということだ。

「たぶん本能的に死の匂いを嗅ぎ分けていたんでしょうね。だから少なくとも俺ら子供にとっては死の匂いは葡萄の匂いなんですよ」

話は以上だが、ぐさりと胸に刃物が突き刺さるような、鋭利で実に後味の悪い話だった。

第三十八家「壁の顔」

飛松《とびまつ》さんという男性に聞いた話である。

飛松さんの右腕には今もそのときの傷痕がある。

話は、学生時代に遡る。

学生時代、自分はバイトもせずふらふらしていた。

そろそろ学校も行かねば退学処分になる可能性すらある。

ただ、親父さんが嫌いで家にはいたくないと、家出ばかりしていたという。

町外れの空き家が連なる集落の一軒を根城にし、そこからバイトやたまに学校に通っていた。

住み着いて間もなくしたある夜中、疲れはてて帰った自分をどこからか呼んでいる声がする。

「なあ、起きてんだろ、こっち見ろよ」

潰れたような汚い男の声に瞼を開ける。

闇の中に目を凝らす。壁に目をやる。

壁の一枚に、顔がある。

男の顔だ。

うわあと、思い飛び起きる。

しかし、何もない。

そんなことが続いた、ある日。

夜中、再び自分を呼ぶ声で目が覚める。

すると壁に毎夜見る男の顔がある。

怖さより怒りの方が勝り、拳を固め何度も壁の顔にパンチを叩き込んだ。

嫌なぐにゃりとしたゴムのような感触が手に伝わり、「ぐへっ」とパンチを打ち込むたびに苦しそうな声を出す。

何度そうしていたかわからないが、いつの間にか顔はなくなっていた。

ただ、毎夜毎夜現れては同じように顔を潰す。

よく考えれば異常だし、とても気持ち悪いので、しぶしぶ家に帰ることにした。

なんとか家に入れてもらい、親父にその家での出来事を話すと、そんな集落などないと言われ、翌朝見に行くことにした。

確かにそこには畑があるだけで何もない。

ただ、畑の真ん中に自分の置き去りにした荷物がある。

たいしたものは入ってはいなかったが、確かに自分のものだ。それにその場所はあの家があった場所なのである。

きつねにつままれたような話ではあるが、のちに思い出したある事実がある。

毎夜見ていた壁の顔に見覚えがあった。

幼い頃に近所に老人が住んでいて、子供を見つけると自分たちに石を投げてきた。

そのおじいちゃんの顔だったのだ。

だから、怒りが溢れたのだろうか。

ただ、父の話によれば老人が住んでいた家には足の悪い老婆が住んでいて、独り暮らしで身寄りもない。

その老婆は、壁に向かって石を投げるようなおかしな人だった話している。

しかし、飛松さんの記憶には老人の嫌な顔まで刻まれているので、間違いはないとは思うという。

そして、家に帰ってきたとき自分の右腕にはひどい切り傷がたくさんあった。

それはおそらく自分でつけた傷なのだろう。

これだけであればただの夢か幻だろうが、そのおじいさんの記憶を何人かが覚えているのだという。

だから、この話の奇妙なところは父親と、それに子供たち数名の記憶には差異があるということで、飛松さんが見た顔や家がよしんば幻だったのだとしても、異なる記憶があることで、ただの見間違いや勘違いでは、終わらない話ではないだろうか。

第三十九話「部屋に海を創造する」

中添さんは海が嫌いだが、妻である智美さんは自分とは違い海が好きだった。

あるときに、妻が「海を拾ってきた」と言って水の入った巨大な水槽をどこからか持ってきたのだ。

どこから持ってきたかはわからないが、妻はそれを「海」だという。

場所を取るし、邪魔なので捨ててこいと言うが、いつまでも捨てないので、困り果てていた。

日がな一日水槽を眺める妻が、傍目から見ると気味が悪い。

そんな中、智美さんの目に水槽の水にあるものが見えたのだという。

それは、夫の中添さんがよその女性と会っている光景だった。

つまり、浮気現場。

場所は、どこかの海岸らしい。

釣り場のような場所で、すぐそばがもう海といった場所。

テトラポットなども見える。

しかし、自分と女性以外は誰の姿もない。

何を話しているかはわからないが、これは浮気に間違いない。

それを言われたときにはさすがに頭がおかしくなったのではないかと疑った。

しかしながら、ある日から自分にもそれと似たような光景が見えたのだという。

いつの間にか互いの浮気の光景が水槽に映るようになった。

お互い怪しみながら、口喧嘩が堪えなくなりしばらく水掛け論のようになった。

気づけば妻のように水槽を日がな一日眺めるようになった。

水槽を眺めている間だけは、心の憂さが晴れるのだ。

まるで世俗のことなどすべて忘れてしまえるほどに。

しかし、このままではおかしくなる。

そんなとき、お互いの浮気相手と縁を切るという形で、夫婦はまた夫婦の形を取り戻した。

すっかり仲直りしたが、あの水槽は未だに部屋にある。

不思議に、最近では妻も自分もお互いの秘密にしていることが水に映ることはない。

だが、中添さんの話を聞いたあとに水槽を見た私は、中添さんに疑問をぶつけた。

『なぜこの水槽は、空っぽなのですか？』と。

水槽の中には水など入っていないのだ。

中添さんの話では捨ててもいつの間にか水で満たされてしまう。

妻も水を入れた覚えなどないというので、不思議がるばかりだという話だが、私には水槽の中に水が入っているようには見えない。

彼ら夫婦にだけ水が見えているのだ。

何が満たされているというのだろうか。

幽霊の出てこない怪談は数多くあるが、こういう類いの怪談に出会ったときに、怪談として捉えて良いのかわからなくなる。

だが、見えないものがあるというなら、それも幽霊とさして変わらない。

第四十家「ペット皿」

役所の本名さんに聞いた話。

本名さんの町には矢本さんという老人が住んでいて、彼の家はいわゆるゴミ屋敷。

自分の敷地にゴミを置き、周囲に悪臭を振り撒いている。

通りがかった人は眉間に皺を寄せ、鼻をつまむほどだ。

役所も重い腰を上げ、片付けるように彼の家を訪れたが、聞く耳を持たない。

半ばお手上げ状態だった。

ただ、役所が彼に干渉するようになってから、きれいな女性が矢本さん宅を訪れるのを近隣の住民が何度も目撃するようになる。

愛人だろうかという噂も立ったが、ゴミ屋敷だし、歳も歳だからそれはないだろうという結論になり、ますます謎は深まるばかり。

本名さんがいつものように矢本さんの家を訪ねると、いつもはまともに話してさえくれないのに、その日は上機嫌で、聞いてもないのに話してくる。

「最近、たまに妻が訪ねてくるんだわ」と言うのだが、彼の妻は亡くなっていることを知っているため、それはないだろうと思う。しかし、あえて真実を突き付ける必要もない。そこは傷つけないように「それは良かったですね」と相槌を打った。

が、そこで気になるのが近隣住民が目撃した女の存在である。

その女が妻なのでは？　とも思うが、どう考えてもおかしい。

愛人を妻と呼んでいるのだろうか。

何度かその後も本名さんは、粘り強く訪ねたが、上機嫌だったのは最初だけで、何かに怯えたり怖がったりするようになった。

しかも、「あいつが置いていくんだ」と部屋中のゴミを指差す。

これには堪らなくなり、さすがの本名さんも憐れに思えてしまった。

その後、矢本さんは静かにゴミの中で息を引き取っているのを発見される。

死因は長患いの末の病死であった。

ゴミは片付けられ、遠方からやって来た息子らが家を取り壊させたが、屋内に棄てられていたゴミはほとんどが犬用の餌皿だった。

聞けば昔から矢本さんは犬が嫌いで、息子の話では野良犬を捕まえては残酷に殺めていたという。

だから、犬が復讐のために女に姿を変えて餌皿を届けに来ていたという推測もできる。

矢本さんは元々物を捨てられない性格だったが、罪悪感から皿を棄てられず、自業自得とはいえゴミに埋もれた憐れな晩年を送るハメになったのかもしれない。

第四十一家「三人いる」

ホームヘルパーの矢内さんという女性から聞いた話。

矢内さんが介護をしているのは老齢の男性。

たまに家の中から団欒のような声がするという。

楽しそうな笑い声がするので、部屋の中を確認するが誰の姿もない。

ただ家には子供用のコップや靴、箸や茶碗など家族三人分の生活用品が揃っていた。

近所の人の話では、たまに声が聞こえてくるという。

やはりこの家には誰か住んでいるのではないかと思ったが、意を決して男性に聞いてみると、こともなげに
「ああ、この部屋には僕以外に三人いるからね」

と歯のない口で笑うのだ。

男性は、若い頃に怪我をした後遺症で足に麻痺が残り、一人では歩けない体である。

そんな寂しい境遇と精神が作り出した幻だろうと解釈していたが、ある日、男性のもとを訪ねると、

「俺はもう死ぬから来なくていいよ、今までありがとうな」

とさばさばと言う。

変な冗談は言わないでくださいと笑って誤魔化したが、一週間後、男性がベッドの上で冷たくなっているのを矢内さんが発見した。

矢内さんには何となくわかっていた。

男性が亡くなる前日に、誰かと話しているのを聞いたのだ。

確かに、男女と子供の声だったという。

それが家に住んでいるという三人の家族のものだったのではないのかと考えているそうだ。

第四十二話「布婆」

阿木莉さんという女性に聞いた話をする。

私が幼い頃、家に帰ると母が一生懸命アイロンをかけていた。
アイロン台の上には布が一枚。
ただ、その布を見たとき、あれっ、と思った。
形が何か歪だった。
布にしてもなんだか変な形をしている。
「お母さん、何それ？」と聞いた覚えがある。
すると、アイロンがけをやめて布をするすると畳みながら持ち上げた。
それね、人。
しかも死んだばあちゃんそっくりなの。

そして母が一言。

「皺だらけだったから伸ばしたんだよ、ほら皺もなくなったよ」

と言って、狂ったみたいに楽しそうに「アハハ」と笑うのだ。

気味が悪く思えて何も言えなかったが、あの日だけ母はおかしかった。

今でも聞けないが、母はそれ以後は全く普通。

異様だったのは、あの日だけなので自分の記憶が間違っているのか。

そう思うのだが、あのときの母は、何となく見た目こそ母だが、母ではなかった気がするという。

根拠は何もないが、部屋中に焚いてもいない線香の匂いが漂っていたのを何となく覚えている。どこからか香ってくるその匂いが理由といえば理由だと阿木莉さんは語る。

第四十三話「本当の家族・起」

「何か不思議な話はありませんか?」

私の問いかけに、沢辺さんはそうですねとしばし思案したあと、こんな奇妙な昔語りをしてくれた。

沢辺さんがまだ幼い頃の話、箸が転げても面白いくらいの小学三年生のとき。

父母、そして歳の離れた兄がある日、父から順に、

「山にある〈あの木〉が自分を手招きするように呼んでいるんだ」と言いながら山に行ったきり何日も帰らないことが続いた。

しばらくすると、母も兄も同じように山にふらふらと行ってしまう。

あの木というのは、おそらく無数にある中でひときわ大きな立派な杉の木のことだろう。なぜか自分にはそう思えた。

遊び場にしていた山で、まるで主みたいな存在だったからだ。

一週間ほどしただろうか。

山にある木に真下で父や母が遺体で見つかったという。

横に隣り合うように並べられており、寝ているように見えたという。

外傷はなく、苦しんでもがいた形跡もないことから、自然死のような状態。

笑顔で亡くなっていたのが印象に残った。

発見したのは、沢辺さん自身。

胸騒ぎがして杉の木をまっすぐ目指したところ、見つけたのだという。

悲しむ素振りもなく、それどころか先を越されたと遺された家族や親戚たちはしきりに羨ましがる。

自分だけが、悲しくて悔しくて仕方なかった。

夜通し、壊れた水道の蛇口みたいに、ぬぐってもきりがないほど涙を流して泣いた。

そんな自分を家族は冷めた様子で、まるで変わり者を見るように蔑んだ目で見ていた。

「いいなあ、今度は俺が呼ばれる番だよ」

「いいえ、私よ」

と言い合う家族たちは、なんだか不気味で異様だった。

沢辺さんは、幼いときは山を唯一の遊び場にしていた。

勝手知ったる山の中で日が暮れるまで駆け回り、中でもその杉の木が大好きだった。

沢辺さんには、その木に家族の魂が吊るされているのが何となくわかるという。

「だから、自分もいつかあの木に魂を、汚れてないきれいなうちに吊るすんです。そのとき初めて血の繋がらない家族がひとつになって〈本当の家族〉になるんですよ！」

と沢辺さんは、熱意を込めて言うのだが、ここまで話を聞いてきて〈本当の家族〉の意味するところがよくわからなかった。

しかし、それを察したように沢辺さんは説明する。

弟と自分は実子でなく養子なのだという。

だからこそ死んで初めて本当の意味で家族になれる。

そう沢辺さんは強く思っているのだ。

なるほどと思った。

しかし、中年と呼ばれる歳になっても、残念ながら沢辺さんが山に呼ばれる気配はないという。

第四十四家「本当の家族・結」

ついに呼ばれずに月日だけが過ぎる。

なぜ自分だけが呼ばれないのか。

沢辺さんはせめて呼ばれないくらいならあの木のそばで命を絶とうと、あの木の場所に向かったが、いくら探そうと見つからなかった。

このまま見つけられないまま、一生を終えるのだろうかと思ったら、とても悲しい気持ちになった。

「なので、この歳になって誰かに伝えようと思った。できれば記録していただければ有り難い」

そう沢辺さんは言いながら少し悲しい顔を浮かべる。

沢辺さんの背面には、仏壇がある。

家族の数だけお位牌があり、遺影がある。

自分は山の神様に避けられている、或いは家族に数えてもらってないのか、何にせよ自分はこのまま魂をあの木に吊るすことなく、本当の家族にはなれないまま死んでいくのだろうと思ったという。

それはどういう感じに呼ばれるのか、気になって沢辺さんに聞いてみたが、苦しそうに首を振る。

「さてね、自分は呼ばれたことがないから何とも言えないが、最後に弟が亡くなるときに気になることを言っていた。『兄ちゃんは彼岸には行けないから』と、それだけ。どういう意味なんだろうね」

聞いていて、なぜかその弟が残した言葉が言い知れぬ恐怖を感じさせた。

「彼岸には行けない」

その言葉の意味はおそらく沢辺さんにしかわからないだろう。

沢辺さんは彼岸に行けないほどの何かをしたのだろうか。

なぜ、沢辺さんだけが残されたのか、

もしかしたら、家族の死を悲しむ自分と、悲しまない家族に大きな差があり、その差が呼ばれる者と呼ばれない者を選別しているとでもいうのだろうか。

沢辺さんにはもうじき還暦が近づく。
せめてそれまでには呼ばれたいと、沢辺さんはわずかな祈りを捧げている。
オチはない。ただ嫌な後味だけが残る話である。

第四十五家「あがたさん（後日談）」

話数の順番が前後したが、第三話のあがたさんの話の続きを書こうと思う。わりに「嫌な話」なので覚悟していただきたいと最初に脅しをかけるが、それほど身構えずに読んでいただきたい。

あがたさんが、里美さんの家に「いた」という事実がある。

それは下駄箱にしまわれた汚い草履が物的証拠となるわけだが、あがたさんなる人物がいたというより確かな事実はない、というのが、この話の悲しいところである。

しかし、あがたさんは確かにいたのだ。

なぜなら、あがたさんの件があった数十年後、郷里に帰った恵美さんを迎えたのは、あがたに姓を改めた未亡人の里美さんなのだ。

どういうことかというと、あるときふいにあがたさんのことを思い出した里美さんはどうしてもあがたさんにもう一度会いたくなったという。

顔も思い出せない人なのに、なぜか恋にも似た未練があるのだ。

あがたさんという名字の人を方々訪ね歩いて探しだし、結婚までしたというが、これで四回目の結婚だという。

しかし、その四回目の結婚も長くは続かなかった。

なぜか数年もせずに、夫である伴侶が亡くなってしまうのだ。

どのあがたさんも同じように短命。

しかし、里美さんは満足なのだという。

夫の遺影や位牌を前に、まるで穴だらけの思い出の隙間を埋めるように恍惚の表情で嗤う里美さんはもう、恵美さんがよく知る優しい同級生ではなかった。

あがたさんはいる。里美さんの心の中に。

何より思い出の中に。

懐かしい思い出は決して振り返ったとしても思い出のまま留めておくのがいいのかもしれない。

その思い出の美しさに我をなくしてしまうこともある。

あがたさんとの思い出は、きっとそういう類いの思い出なのだろう。

思い出した瞬間に、もう里美さんは引き金を引いていたのかもしれない。

だから、真っ黒い思い出の顔をした得体の知れない何かに友人を奪われた、と恵美さんは今もあがたさんという名前を聞くだけでも怒りと憎しみが沸き上がってくるのだという。

第四十六家「ひょうろくさん」

川原崎さんには今でも不思議に思うことがある。

「その人は、浮浪者みたいな身なりなんだけど、歯がないもんだからうまく喋れなくてね、いつも自分を「ひょうろくさん」と呼んでいたよ」

本名はわからない。

どこから来たのかもわからないが、気づいたらいたとしか言えない。

ただあちこちを旅していると、ひょうろくさんは言っていた。

家なしなので、いろいろな人の厄介になっているという。

近所に住んでいるたばこ屋のおばちゃんの家、三田村のおじさんち。

いろんな家々を転々としていたが、その居候したすべての家で、ことごとく悪いことが起きる。挙げ句店なら潰れる。

そんなことがあったが、不思議にイヤな顔ひとつせず町の人たちは、ひょうろくさんをお客さんのように迎え入れるのだ。

その頃、川原崎さんは幼い妹と家族で暮らしていたが、父母は血の繋がっていない自分に対してつらく当たるので、毎日が地獄だった。

殴る蹴るはもちろん、罵声を浴びせられる。

そんな日々を送っていた。

そんな中、ひょうろくさんだけは親身になって話を聞いてくれた。

虐待を受けていると打ち明けると、

「それはかわいそうだ。なんとかしてやる」

と言って自分を家に招き入れろという話になった。

ひょうろくさんを家に招き入れると、両親は「よく来てくれた」とパッと明るい表情になった。

それからはなぜか虐待もやんだが、かわりに妹や父母が体を壊すようになった。

不思議に自分は平気だったが、妹や家族が苦しんでいる姿を見て、これはおかしいと思って、ひょうろくさんに、「悪いけど他の家に行ってくれないか」とお願いした。

ひょうろくさんは悲しそうな顔で、「そうか」と言って、自分がこの家を出るとまた同じことの繰り返しだから、『俺の子供を置いていく』と言って、玄関に向かって手招きをした。何かを呼んだらしい。

ただ、何も見えない。

「じゃああばよ」と言って、ひょうろくさんは立ち去ったが、それ以来ひょうろくさんの噂は町で聞かなくなった。

それから、一年くらいして妹はすっかり元気になったが、父母は病に倒れ二人とも死んでしまった。

そこで「子供を置いていく」というひょうろくさんの言葉を思い出した。

その子供が父母を殺してくれたんじゃないかと思った。

だとすれば、あのひょうろくさんは貧乏神とか疫病神だったんじゃないかと思う。

でも、自分には助けてくれる唯一の味方であり友人だったので、ひょうろくさんには感謝している。

貧乏神に感謝する人も珍しいですよね、と二人で笑った。

第四十七家「サクリファイス」

堀田さんは入社日に、自分だけ他の社員とは別の古い寮をあてがわれた。

会社から二駅ほど離れた古い団地のような寮に住んでくれ、と社長直々に言いつけられ、従うほかなかった。ボロボロの六畳間に独り暮らしの貧しい暮らしに身をやつす日々がはじまった。

その寮には複数の人が住んでいるが、中でも隣になった安川という中年男性が嫌な奴で、引っ越しの挨拶をしたのに愛想もなく、「ああ」の一言でドアを閉められたことは未だに根に持っている。

「えー！　あの寮に住んでるの？」

会社では頻繁にその寮に住んでいることをネタにされ、からかわれた。

五年住んだら新しい寮に部屋を移しても良いと言われていたため、五年を待ったが、四年経ったところで社長に、「どうだ？　寮の暮らしは？」と聞かれた。

「まあ古いから仕方ないですが、水回り以外は普通ですね。あとは、安川さんって人が変わっているくらいで」

と言うと、社長の顔が見る間に変わり、寮で、何を見たか、或いは聞いたかを根掘り葉掘り聞かれた。

社長は、自分の話を聞き終わったあと、たった一言、

「あの寮にはな、誰も住んでない。度胸試しのために新入社員はあそこに入れるんだが、幽霊を見たのはおまえ以外には一人だけだ」という。

その一人は誰かと聞くと、

「おまえが見た安川だよ。そうかあいつまだあの部屋に……」

と言ったきり社長は黙ってしまった。

安川さんは元社員で自殺したらしい。

安川さんは自分の隣のあの部屋に住んでいた。それ以外はわからない。

「とにもかくにも自分はいい実験台にされたというか、生贄にされたわけですよ。腹に据えかねて会社辞めてやりました」

堀田さんにまだ次の職の当てはないという。

第四十八家「社長室の神棚」

今でこそ好好爺の卜部さんは、その昔は、社員の数数百人前後のさる企業に勤めていた。会社は夜遅くまで残業を強いるので、大抵終電には間に合わない。

そのため、社員はオフィスで寝泊まりする。

しかし、オフィスに泊まっていたのは、私が話を聞いた卜部さんだけだという。

「社長室の隣が六畳くらいの広さの応接間になっててね、ドア一枚挟んでるんだけど、そのソファーによく寝てたよ」

夜中、よくドアの向こうを誰かが歩き回る、或いはガラス窓に影が横切るなどの怪奇現象が多発した。元軍事病院だった場所に建っているため、看護師さんの格好をした幽霊がよく出る。だから他の社員は怖がって泊まらないのだ。

卜部さんも見た。

夜中、応接間で眠っていると、ドンと音がしてガラス窓に何かがぶつかる。

そんな音で目が覚めた。

電気をつける。

すると、ソファーの下からボロボロのナースシューズが出てきたので、手に取る。

なんだかとてもそれが嫌なものに思えた。

その後もたびたび社長室や応接間付近に現れる看護師が履いているとおぼしきナースシューズをそのふたつの部屋の中で見つけてしまうのだという。歩き方に癖があるのか、ひどく右下がりにソールが傾いている。

あるとき、見つけたナースシューズを落とし物として、「社長室にありました」と届けた。社長のものであるはずはないし、ゴミなので怒られるだろうなと思ったが、こちらの意に反し、「ちょうど探してたんだよ」と言って、その靴を社長室の神棚に飾った。

社長室の壁に設えられた神棚はかなり異様なもので、複数の誰のものかもわからない位牌や、あのナースシューズがすべて釘でめちゃくちゃに打ち付けられている。

神道と、仏教と、我流の何かががごちゃ混ぜになっている状態だ。

社長にナースを見ましたよと告げると、「そうか」と寂しそうに一言だけ呟いて、そのあとすぐに社長室で首を括って亡くなった。

すぐに息子が社長の座についたが、隣にも同じような雑居ビルがあり、そこにもうひとつのオフィスを構えた。社長室もふたつ造り、新しいオフィスにも神棚を置いた。

しかしながら、新たな神棚にはナースシューズも位牌もない。いわゆる普通の神棚だ。あの特殊な神棚は、元のビルの社長室にだけである。

やがてその社長室は入室厳禁とされ、封鎖された。

ドアにはしめ縄と紙垂《しで》がぶら下がっている。

その会社はブラックでありながら、上場企業なので、あのふたつの神棚は、何かのまじないではないかと思っている。

卜部さんは社長にナースさんを見た、といったことをひどく後悔しているという。先代の社長も先々代の社長も、前社長の父親と祖父がつとめたが、ナースの幽霊を見た、と言われたすぐあとに亡くなっていたことがわかっている。

必ず誰かがナースの幽霊を見て、それを社長に報告する役目を担う。たまたま、それが自分だったわけである。

あの日、とうとう靴だけでなく、ナースの幽霊そのものを見てしまったと部長に話したら、「そうか、社長に報告するように」と指示されたのだ。

そうでなければわざわざ社長に幽霊話をするなんてことはなかったが、今から思えばあのナースを見たことを社員が報告する行為は、社長に「死」を持って役を退く宣告を与えるに等しかったのである。

代々社員たちの間で一番の若手がその役を担うのだと、のちに相沢という古株の先輩から聞いた。

社員が「ナースを見る」ことはすなわち社長の死を意味していたのだ。

あのナースの正体はわからないが、軍の病院だったことがやはり関係しているのだろうか。

今の若社長は、人間的に前の社長とは明らかに違う、いかにも成り上がりの嫌な奴だ。その成り上がりの社長に、「ナースを見た」と報告して卜部さんは自主退社した。

その後にその若社長が自殺したと聞いた。

卜部さんは、言う。

「二回目は私の作り話、要するに嘘なんですよね。ナースは見ていない。ただあの野郎がこのまま社長の座に納まっていたら、我が子のような大切な会社がだめになるでしょ？　ならいっそこのままだめになる前に会社を殺してやろう、つまり潰したほうがよほどいいと判断したんですよ。だから葬ってやったんです。でも私はナースを見たって言っただけ。手を下したのは私じゃない」

卜部さんはそう言うが、嫌な話だなあと思ってしまう。

「過去にあった元職場の出来事を墓場まで持っていくつもりだったけど、とてもあの世には持っていくには重たすぎるんで。それに、もうじき、俺も迎えが来るから、それまでに生前の汚れをどこかで誰かに聞いてほしかった。それに、殺す価値もない人間っているでしょう、あのボンボンがまさにそういうクズだったので、殺すならこういう方法かなあって思っていたというのが本音です。私はそういう意味じゃ世話になった会社と個人的な憎しみとを天秤にかけたわけで、まぁ私もまたクズなんだよね」

卜部さんは、にやりと笑って昔語りを終えた。

その爽やかな笑顔の奥に、底知れぬ闇がかいま見えたのは否めない。

第四十九家　「百足《むかで》部屋」

百足といえば武田信玄の旗指物《さしもの》として、使われたことで有名だが、分類的にいえば、多足類節足動物である。

そんな百足に関した話をひとつする。

「百足部屋」と呼ばれる部屋が石材店を営む田倉さんの家にはある。

どこにあるか、という言葉は、この話の場合当てはまらない。

正しくは、特定の場所を持たない部屋で、家じゅうを「漂流する部屋」なのだという。

あるときは押し入れ、あるときは、風呂場やトイレのドアを開けたら、そこが「百足部屋」に変わってしまう。部屋の大きさは関係ない。

あるはずのない場所に、その部屋のかわりに出現する不可思議な部屋なのだ。

その場合、百足部屋になっている間、その元々の部屋はどこにあるのかという話になるが、次元が歪んでいるという説明が妥当だろうか。

どこにあるのか、なんて誰にもわからないのだ。

ただ突然、何の脈絡もなく「百足部屋」に変わるというのがこの場合の最も正解に近い答えなのかもしれない。

しかし、百足部屋を見つけたら、決して中に入ってはいけない。

見るだけ。覗くだけに留める。

なぜなら、過去に家の中でペットの犬が迷い込んで、そのまま居なくなってしまったこともあるからだ。百足部屋はおそらく次元が異なる空間ゆえ、こちらの世界と交わるのはあくまで一時的な現象だ。ゆえに一度迷い込んだら二度と出られない。

それが、いつの頃からあるのかは定かでない。

ただ、物心ついた頃から、ある。

いやあったはずである。

というのも、田倉さん自身、確証めいたものはないのだ。

百足部屋を何度も見たことはあるが、不思議なことにそれが一体どういう部屋だったのかというと、広さや様式もない、ただ一面真っ白な部屋だったとしか言えない。

あとは、百足の大きな影がうごうごと部屋中を動き回っていたのは記憶している。百足部屋の名前の由来は、まさしくその影にある。
そのうち百足部屋を見つけることがゲーム的な面白さを超え、快感になった。
依存、という言葉が当てはまるだろうか。
五円玉に本の栞紐を結びつけ、百足部屋に投げ入れた記憶がある。
「あっ！」という声がした。
そのとき初めて、部屋に人がいることがわかった。
影だけの何者かが、投げた五円玉を拾い上げ、受け取る。
怖くなり、部屋を閉める。
閉めた扉は襖のはずなのに、リビングのドアに変わる。
ガチャリという金属の金具と金具が、ぶつかる音が鳴る。
また、百足部屋を見てしまった。
「あの部屋は怖いが、不思議な魅力がある。つい入ってしまいたくなる」
その後、意外な形で五円玉が見つかった。
出掛けようと靴を履いた瞬間、足の裏が何かを踏んだ。
靴の中に異物がある。

靴を逆さまにし、振ってみるとコロン、と五円玉が転がり出た。

リボンのようなピンクの紐がついたあの五円玉だ。

なぜこんなことがあるのか、わからない。

しかし、最近になって百足部屋を見ていたことを初めて恐ろしいことだと認識した。

なぜなら、自分が見ていた百足のような影は、幾重にも連なって重なった人の影だと気づいたからだ。

無数の手足のシルエットがわらわらと蠢いて、百足のような形に見えていただけだと気づいたが、あの日部屋から聞こえた「あっ！」という声は、確かに自分自身の声だと気づいた。

だとすれば自分はいつかあの部屋に入ってしまうのではないか……そんな不安に駆られた。

百足部屋の影は、今まであの部屋に入って消えてしまった人の成れの果てなのではないだろうと考えている。

だとしたら百足部屋は魂の牢獄とだと田倉さんは言う。

百足部屋は、いろいろな場所に出現しては消える。

今はもしかしたら、また別の家に現れているのかもしれない。

家から家に移ろう、そういうものなのだとしたら、自分の家だけにある部屋とは言いがたいし、今は誰かわからないどこかの家で、あの百足部屋がそっと誰かが見つけてくれるのを待っているかもしれない。

しかし、さらに不思議なことがある。

家族はなぜか家に百足部屋があったことを誰も覚えてはいない。

記憶からすっぽり百足部屋のことが消えている。

自分だけが覚えているのだ。

しかしながら、田倉さんにしてみればそれはそれで都合が良かった。

「いくら愛でても懐かない犬をあの百足部屋に放しましたから」

田倉さんは最後にさらりと、自らの罪を告白して、それ以上は何も言わなかった。

百足部屋は、今はすっかり田倉さんの家から、消えてしまった。

家族も百足部屋のことを思い出すことはない。

犬を飼っていたことも、田倉さんの罪も何も知らない。

ただ、犬と撮影したはずの写真は、犬だけが黒いシルエットになり写っている。

しかし、家族は本当は何かを知っていて、隠していたのでは――。
今でもそう思っている。

第五十家「犬声」

三年に一度、花菱さんの家では複数の異なる種類の犬の鳴き声が夜中に聞こえる。

長い遠吠えが一度聞こえた日の翌日と、哀しげな猫なで声にも似た小さな鳴き声が聞こえた場合には、必ず地域一帯に大雨が降る。

そして、複数の犬が吠え合うように聞こえた場合には、花菱さんの経営している酒屋に、お客さんがひっきりなしに入ってくる。

異なる三つの鳴き声と、現象の因果は全く不明だ。

ただ、三つ目の複数の犬の鳴き声が聞こえた場合に店が繁盛するという現象に関しては、お客さんが口を揃えて、

「なんだかやたらと今日は酒が飲みたくなった」という。

ゆえに来たというのである。

不思議なこともあるものだ。

近隣の家で犬を飼っているところはないし、野良犬もいない。
声だけがふいに聞こえる。
鳴き声がした日の翌日には、微かに獣の臭いが庭先に漂っているという。
今も現在進行中の、鮮度の高い怪異だ。

第五十一家「殲滅」

本宮さんが大学四回生のときにあった話。学生時代に郊外にある地元の廃墟に行ったことがある。

廃墟とは、空き家になって久しい二階建ての一軒家。

周りには人家がぽつりぽつりとしかなく、家の周囲を広大な敷地とブロック塀が囲っている。

かつては、家族が暮らしていたと思われる痕跡が家のあちこちに見られた。

家の中に入ってみると、夜逃げをしたかのような状態で、まだ物がたくさん残っており、壁には家族写真が貼られていた。

父親と母親。

その間に挟まれた二人の娘がいる。

同じ服、同じ髪型、同じ顔。おそらく双子だと思う。

どの写真もつまらなそうな顔をしている。

対して父母は満面の笑みで、とても嬉しそうだ。

ただ、所狭しと壁や棚の上に飾られている写真は、不可解な点もあった。

それは、父親と娘はどの写真も同じだが、母親だけが何種類もあるというか、どれも違う人物であるという点だ。

背丈も顔も体型も、丸きり別人なのである。

おまけに像がぼやけていて、撮影の仕方が悪いのか、顔がぶれてしまっている。

奇妙な家だなと思うばかりで、特に何もなかったが、雰囲気が何か気持ち悪かったので、一時間ほどで帰ってしまったという。

その後、その家について近隣で調べると、どうやら父親が変わり者で、結婚と離婚を繰り返していたらしく、それも、同じ名前の女性と結婚していたらしい。

全員、「まゆみ」という名前だった。

結婚を繰り返していた理由として、噂では、結婚をしても必ず数年で妻が亡くなってしまうからだという。

奇妙なことはこれだけではない。

その家族が、ある日越していってしまい、家だけが残された。

空き家になってまだ間もない頃、どこからか四人のホームレスが住み着いて、互いを名前で呼び合っているのを近隣の人たちが見ていたという。

その名前というのが、元いた家族のそれぞれの名前だったという。

四人のホームレスが、まるで家族のように振る舞っているのを何人もの人たちが目撃していた。ホームレスたちは、数ヶ月住むとやはり家族同様どこかにひっそりと流れていったという。

本宮さんも家庭を持ち、今は二児の子を持つ母親であるが、たまにあの廃墟のことを思い出すという。

何の不満もない、優しい旦那さん、可愛い子供たちがいるのに、なぜか安らげない日々を過ごしているという。

あの廃墟にもう一度行きたいという気持ちが日に日に募っていく。

まるで魂だけをあの家に置き去りにしてきたように、体は帰る場所があっても魂が帰る場所が私にはないと本宮さんは、訥々と説明するのだ。

以上のように幽霊が出てこない話もある。

幽霊が出てこなければ、怪談とは言えないのか。

否、何らかの怪異現象、不可解な出来事が怪談たる証ならば、この話は紛れもなく怪談であるといえるだろう。

最後にお伝えしておくと、本宮さんの名前もまた「まゆみ」である。

これは果たして偶然なのだろうか。


本宮さんは、夥しく壁に飾られたあの家族写真の夢を今もたまに見るという。

その夢の中で自分が家族の母親になり、双子の女の子と父親であるあの男と並んで写真を撮っている。

たくさんのまゆみの中の一人でしかない、それぞれのまゆみさんが背後に立っている。

そんな夢。

目覚めて何度もあの廃屋での記憶を思い出す。

写真の顔はどれも違う顔だが、何となく、像がぶれているように見えたのは、幾重にも顔が重なって見えたからではないか。

そんなことを何年も経ったあとに思い出したのだ。

それでもなお、もう一度あの家に行きたい衝動に駆られる。
しかし、行ってしまったらもう二度と戻れない気もしている。
自分は、あの家にまだ「心残り」がある。
それはあの家に気持ちを移したからに他ならない。

第五十二家「ヤドカリ」

鈴置さんの大学の先輩に、八歳年上の野本という男がいる。

その先輩をある日訪ねに行こうと、数人の友人たちと先輩が住んでいるアパートに向かった。

写真部の合宿で撮影した写真を現像したので渡しに来たのだ。

アパートは老朽化のためかなり草臥《くたび》れていたが、昭和のよき名残がある。

モノクロが似合いそうな時代がかった建物だった。

先輩は、金がない金がないと言いながら車には有り金をつぎ込むような車狂いで、車に金を使うもんだから、いつも深刻な財政破綻に陥っていた。

アパート同様、草臥れている。

そんな先輩を訪ねに来たわけである。

先輩の部屋は二階の一番端っこにある。

階段を上り、先輩の部屋の前に来て呼び鈴を鳴らす。

「野本先輩、来ましたよ。いないんですか？」

仕方なく帰ろうとすると、先輩の部屋のドアが鈍重な音を立てて開いた。

先輩が、顔を出した。寝癖がひどい。

「課題の途中で寝ちまってな、こんな時間になっちまった」

そんなことをぐちぐち言いながら、先輩は写真だけを受け取ると、

「ああ、そうそう、女いなかった？」

そんなことを言ってくるので、いないですよ、と言うと、

「ああ、そう」

と、安心したような顔をした。

先輩が自分だけを呼び、あとの人間は帰した。

「スズ、ちょっといいか、おまえだけ残れ」

何を文句言われるんだろうと覚悟したが、文句ではなく、妙な相談だった。

「最近、女が部屋の前とかアパートの外とか、うろうろしてるんだよ」

警察に相談すればいいのでは、と思ったが、どうやら警察では解決できないことらし

い。

薄手のワンピースの女がじっとこちらを見ている。

面長でストレートの黒髪ロング、目の細いキツネみたいな女。

ふいに窓の外に視線を感じてカーテンを開くと、必ずいるんだ。

「怖くて堪らんよ」

先輩がそんなふうに言いながら、窓の外を指差す。

「さっきまでは安心してたけどもう来てる。アパートの外、見てみろ」

言われてちらりとカーテンをめくると、確かに女がいる。

先輩の言う通り、キツネみたいな面長の女だ。

二十歳後半くらいだろうか。

根性のある鈴置さんは、バッと部屋の外に出ていって、女のところに向かう。

「ねえ、君、先輩に何か用なの？」

そう言うと、女は、ふふっと笑いながら、

「もうすぐなんです」

とわけのわからないことを言う。

女はそれだけを言うと行ってしまう。

その日はなんとか先輩をなだめて、帰った。

その翌週も先輩の部屋に気になって行ったが、やはり女が来ていた。

その翌週も。

さすがに可哀想になり、

「先輩に付きまとうのはやめろ」

と女に言うと、

「もうすぐだから」

と同じことを繰り返すのだ。

何がもうすぐなのだろうか。

ただ、先輩は少しずつ塞ぎこむようになり、女がもうすぐもうすぐと言うたびに、窶れておかしくなっていった。

ある夏の日、昼間からカンカン照りのアパートに続く坂道をたくさんの飲みものと冷凍した蟹を持ってバイクで先輩の家に向かった。

「先輩、鈴置です」

アパートの前から大きな声をかける。

中から先輩の声はしない。

ただ、女が部屋の前に来ていた。

仕方なく先輩に半ば強引に押し付けられた合鍵を使って中に入る。

そのとき、女もどさくさに紛れて入ってきてしまった。

先輩が窓際に寄りかかっている。

「何だ、先輩いるじゃないですか」

と声をかけるが、先輩は女物の服を身にまといながら歌を口ずさんでいた。

その女物の服は、ポストに押し込まれていたと言っていたから、今隣にいるキツネみたいな女が入れたのだろう。

あれほど気味悪がっていたというのに、なぜ、それを着ているのか。

とにかく先輩を正気に戻さねばならない。

「先輩、先輩！」

肩を揺すって声をかけるが、反応はなく、ただぼんやりと歌を歌っている。

キツネ女は、

「うふっ、成功したみたいね」

と、笑う。

女曰く、死んだ姉の幽霊を憑依させたのだと言う。

先輩が見ていたのは、自分ではなく姉。それも幽霊だというのだ。

俄かには信じがたい。だが、嘘だとも言い切れない異様さがそこにあった。

先輩は相変わらず歌を歌いながら、なぜか泣いている。

キツネ女は、

「完全に、姉とひとつになるにはもう少し時間がかかるけど、これでもう安心ね」

と、満足げに部屋を出ていく。

土足で上がり込んだ女の足跡が部屋に轍のように続いている。

先輩は泣きながら、

「スズ、俺、今どうなってるのぉ？」

とようやく自分を取り戻したらしく、不安げに顔を歪ませた。

「先輩は大丈夫です。先輩のままですよ」

そう言うしかなかったが、部屋の中には先輩には似つかわしくない香水の匂いが漂っていた。

背中に寒いものを感じながら、半ば見捨てるように、

「先輩、あのー、蟹とジュース置いてきますね。お元気で！」

と言って部屋を出る。

その際、後ろから、

「スズ～」

と悲しそうな先輩の声が聞こえたが、無視して帰った。

後輩や同期の話では、

「あれ、先輩の中にいるのって女じゃないね、正確には女の他にも誰かいる。そいつが今先輩を動かしてるんじゃないかな」

と口々に言う。

先輩は、「のぶお」という名前を名乗っているらしい。もちろん先輩の名前ではない。

先輩はその後、故郷に帰ると言い残し、大学から姿を消したという。

あのキツネ女が、大学の写真部に来て、

「ごめんなさい、失敗しちゃったみたい」

と言うので、つっけんどんに「何が？」と聞く。

「姉と話がしたくてあの男に姉を憑依させようとしたけど、だめだった。代わりに違うのが入ったみたいだから」

と言う。

俺たちじゃなく、先輩に謝れよと言葉を突き返すと、

「でもね、いいのよ、あの人がもしこの先死んだら私があの人に体を提供するから」

そんな意味不明なことを言い出すので、無理やり部室から追い出した。

ただ、先輩が写っている写真には、どの写真にも先輩とだぶるように、醜い太った男の顔がある。

こいつが「のぶお」なのだろうか。

今となっては、わからない。

先輩は、その後死んだと風の噂で聞いた。

あのキツネ女の言葉が本当になったかはわからない。

「私の体を提供するから」

本当にそんなことができるのだとすれば、今はあのキツネ女に先輩は憑依しているの

だろう。

「その辺は単なる妄想だし、馬鹿馬鹿しい話ですけど」と鈴置さんは、先輩の写真を見せながら笑う。

その写真には、確かに野本先輩と重なるように、別人の醜い男の顔がこちらに視線を合わすように写っていた。

鈴置さんは、最後に気になることを言っていた。

「ただ、最近になってね、写真部の友人が、私の言葉遣いが変わったって言うんです。野本先輩に似てるって言うんですよ。やっぱり先輩はどこの誰かもわからない女を選ぶより自分を選んだんだなって」

そのとき、私も鈴置さんと同じことを思った。

それは、野本先輩のことではない。

先輩だけの幽霊が今、鈴置さんに憑いているのだとしたら、のぶおさんのほうの幽霊が、あのキツネ女に憑いているのではないかと。

「まあ、自業自得だけど。考えすぎだと思うからそのことは忘れましょう。僕らには何もできないから」と、二人でもう一度、笑った。

そんなブラックな笑い話を過去に聞いたが、その話を聞きながら何となく筆者はヤドカリが、貝殻を変える姿をイメージした。

大学の写真部の話はまだたくさんあるので、それはまたどこかで。

※この話の場合、アパートや大学を主な舞台としているため、家怪談に含めさせていただいたが、「憑依現象」によって「人」が「家」のかわりになるのならば、憑依という現象もまた家怪談の部類になり得るのではないだろうか。

第五十三家「厄捨て場」

「知らず知らずのうちに義姉を死に追いやったのは私かもしれません」

そんな一言から、東さんという四十になる男性が私にこんな話をしてくれた。

東さんはその日、年老いた寝たきりの母と義理の姉が住んでいる実家に久しぶりに帰った。

車の荷台にはデカい袋包み。

出迎えてくれた姉に挨拶もなく家に入り、よいしょと階段を上り二階に行く。

自分の部屋に荷物を置く。

袋を開く。

中には、たくさんの衣服や、物が詰め込まれている。

「それはね、実は遺品」

仕事で要らなくなったものを貰ってくるのだという。

ゴミ屋敷の清掃やら、他にもいろいろな仕事をしているので、そうした中で貰うのだという。

普通他人の遺品など貰わないと思うのだが、東さんには宝の山に見えるのだろう。

遺品の中にはどんな思いが込められているかわからない。

非業の死を遂げた人の遺したものなど、いっそ怖いくらいに思うのだが……。

東さんはそういう細かいことを考えるような人ではないのだろう。ただ、持ってきて運ぶだけ。特にそれをお金に変えたり、鑑定に出したりはしない。

運ぶだけだ。

持ってくるたびに少しずつ、姉の顔色が悪くなる。

思えば、母が寝たきりになったのも遺品を貰ってくるようになってからだ。

考えすぎだと思ったが、春先に母と姉、どちらも亡くなった。

母は病気、義姉は自殺だった。

周りは看病疲れによるものだと思ったが、遺書もなかった。

ただ、東さんだけは、わかっていた。

「たぶん、私ががらくたで部屋をたくさん潰したから、それで死んじゃったんですよ。悪いことをしました」

そこまで聞いて、怪異的なことは特に起きていないので、

「あの、怪談なんですよね？　どこが怪談なんですか？」

と聞くと、東さんは、

「ああ、言い忘れていました。ごめんなさいね、最近もまた見たんですが、まだ母も義姉も実家にいるんですよね」

「亡くなっているんですよね？」と聞くと、東さんはしかと頷く。

そこで納得した。東さんには見えているらしい。

「でもね、二人ともずっとじっとしてるだけ。母は、ベッド。義姉は、亡くなったのと同じ部屋。だから、怪談だろ？」

東さん肩をすくめてそう言うと、これから用があるからとそこで別れた。

今もたまに実家に帰って、相変わらず遺品を貰ってきては実家の部屋に運んでいるという。

心おきなく今ではどんな部屋にも荷物が置けるからすごく気が楽だと東さんは言う。

そして、平気で寝泊まりしているらしい。

「母と義姉の幽霊がいるけど、何もしてこなきゃ、空気みたいなもんですから。怖くないですよ、身内だもん」

あっけらかんと笑っているのが少し怖かった。

第五十四家「くろかわさん」

菅生さんの住むアパートの部屋の隣に黒川さんという女性が晩夏に引っ越してきた。

アパートは、坂の上にあり、駅からも離れた不便な場所にある。

女性の独り暮らしにしてはあまり最適な場所とは言えないだろうが、単身者向けの安いアパートなので、安月給の自分にとってはとても好条件の場所なのである。

黒川さんが引っ越しの挨拶に来た。

「こんにちわぁ」

気味の悪いものすごい笑顔。

そのときに奇妙なことを言われた。

「このアパート、素敵なアパートね。特に二階なんかすごいわよ」

「何がすごいんですか?」と聞くと、こんな答えが返ってきた。

「あのね、このアパートね二階に住人いないでしょ」

言われてみればそうである。

二階で住人を見かけたことがない。

昼間は働いているし、あまり気にしなかったからなのか、気づいていなかった。

「でも、ちゃんといるのよ」

と、黒川さんはフフッと笑いながら楽しそうに自分に引っ越しの挨拶の贈り物である紅茶のセットを渡してくれた。

(ちゃんと、いる?)

黒川さんの言葉が気になったが、どういうことなのだろう。

まあ、とりあえず不思議な人なんだなと思うことにしたが、それから毎日、黒川さんが訪ねてくるようになった。

そのたびに律儀に応対をし、黒川さんの妙な話を聞いていた。

しかし、あるとき大家さんと久々に顔を合わせたので、

「いやあ、黒川さんって人、面白いですね。今度越してきた人ですよ」

と言うと大家さんは不思議がる。

首をかしげて、

「誰だいそりゃ？　知らないよ」

と大家さんに言われてしまう。

ちゃんと話をして何度も会っていたあの黒川さんが、存在しない人物だったって？

しばらくは黒川さんの正体はわからなかった。

確かにあれ以来、あんなに足繁く訪ねてきていた黒川さんを見ないのである。

ただ、その後、菅生さんのアパートから少し離れた友人のアパートにも、同じ容姿をした黒川なる女性が現れて、引っ越しの挨拶をし、しばらくして忽然と消えたという話を実に三度聞いた。

どれも違うアパートで距離も場所もバラバラ。

共通しているのは、黒川という名前。

そして、妙な言動である。

そういえば最後に会ったとき、黒川さんが気になることを言っていたのを思い出した。

「ある人を探している」

黒川さんは誰かを探してアパートを点々としているのか、それはわからないが、その後、大家さんのポストに古い入居届けが入っていたらしいことがわかった。

名前の記入欄には、汚いひらがなで、「くろかわしょうこ」と書かれていたそうである。

今も誰かもわからない誰かを探して、黒川さんはどこかのアパートに「こんにちわぁ」と、にこやかに挨拶に行っているのだろうか。

そういえば、黒川さんが言っていた「二階にちゃんといる」とはどういう意味だったのだろう。黒川さん自体が謎の存在と化した今、急に恐ろしく思えてきて、しばらく菅生さんの中で不安要素として燻り続けた。

嫌なお土産を置いていってくれたものである。

相変わらず二階に入居者はいない。

第五十五家「あと二人」

これもアパートで起きた怪談のひとつとして、家怪談に加えて良いかと思う。

地方のアパートに住む越智さんという三十代の女性から聞いた話。

彼女は、レズビアンだという。

つまり恋愛対象は自分と同じく女性。

何人か付き合った中で、一番長く付き合っていたルミという女性がいた。

行くところがないと言うので、自宅に住まわせたのだが、ルミはとても世間知らずで、テレビもあまり観ていないのか、俳優の名前も流行っているドラマも知らなかった。

他にも少し変わったところがあり、生まれた場所や名前をいくら聞いても教えてはくれなかった。

ルミという名も越智さんがつけたのだという。

一緒に暮らすうちに、しだいに気持ちがルミさんに移るのがわかった。

ルミさんも彼女を愛していたから、一生を添い遂げようと約束を交わすまでになった。

そこで、親友のミチルさんにルミさんを紹介しようと家に招いたという。

しかし、妙なことが起きる。

ミチルさんは部屋に案内されたが、戸惑ったように辺りをきょろきょろするばかり。

ミチルさんにはルミさんの姿が見えなかったのだ。

ただ、明らかに越智さんの趣味ではない小物や化粧道具があったので、何となくミチルさんも異変が起きていることには気づいた。

彼女は『ルミ』という人間を作り出している——。

ルミがいると思い込んでいるのだ。

それを察したミチルさんは、あたかもルミが見えているかのように振る舞った。越智さんの心を慮り、あえて刺激しないようにしたのだ。

それから月日が経ち、越智さんはある罪悪感に苛まれていた。

罪悪感の正体は、彼女がついた〈嘘〉。

つまり、最初からルミなんていなかった。

越智さんはそれをちゃんと自覚していた。

しかし、今ではミチルに本来見えないものが、見えてしまっているようで、何度ルミは架空の恋人で実在しないと説明しても、私には見えると言って聞かないのだ。

「つまらない嘘で、いちばん大切な親友をなくしてしまったんです」

悲しそうに目を伏せる越智さんに私はとても言えなかった。

ルミさんもミチルさんも存在しない。

どちらもあなたが作り出した架空の人物なのだということを。

ただ、独り暮らしの彼女の部屋からは、たびたび彼女以外の声があと二人分聞こえることがある。

もちろん部屋の中には越智さん以外いない。

越智さんその人、独りである。

だからこれもまた、家に棲む怪異なのだ。

第五十六家「痛み分け」

会社から自分の住む団地に帰宅したときのこと。

集合ポストに男性が何かを入れているのを見かけた。

怖いので少し離れた場所から見ていて男性がいなくなったのを確認して、どの部屋のポストか確認する。位置的に嫌な予感がしていたのだが、果たしてそれは自分の部屋のポストであった。

何かが入っている。

おそるおそる取り出すと、小さく折り畳まれた和紙。

それを捻った形状のものが複数入っている。

見た目は、飴玉の包装紙のような感じだ。

捻った隙間から、黒い糸のようなものが見てとれる。

おそらく、人毛だろう。

気持ち悪いので、無礼を承知で隣の部屋の住人のポストにそのねじりん棒を全部放り込んだ。

翌日からその隣人が部屋に帰らない。

何ヶ月かが経つが、家賃もずっと滞納しているようだ。

安心したのもつかの間、ある朝、ポストに新聞を取りにいくと、ポストの中にあのねじりん棒がぎゅうぎゅうに押し込まれている。

あまりにぎゅうぎゅうに詰め込みすぎて開けた途端、ばらばらと足元に散らばる。

しかし、以前のように他の住人のポストに入れることはできない。

なぜなら、団地の取り壊しが迫っているため、自分が住むC棟には自分を除いて自分の両親が住んでいる部屋しかもう残されていないのだ。

しばらく考えたのち、両親の部屋のポストにそのねじりん棒を押し込んだ。

両親は、数ヶ月して同日に倒れ、そのまま亡くなった。

「良心の呵責」や「罪悪感」は今も消えない。

誰が一体何のために入れたものかはわからない。

ただ、自分は両親の命よりも自分の命を選んだことには変わりはない。

第五十七家「共通認識の怪人」

チェーンの喫茶店店員をしている楊さんに聞いた話をする。

最初にそれを見たのは、同じ大学に通う友人の三井さんだった。

三井さんが言うには、町中にふと目を凝らすと限りなくわずかな確率ではあるが、〈それ〉に出会えることがあるという。

それ、とは何か。

人の形はしているものの、人ではない何か、とでもいえばいいのか。

ふらふらとしていて、全体的に真っ黒な女性や男性のようなシルエットだけの影人間だというのだ。

そういうパフォーマンスかなとも思うが、タイツを着ているわけではないという。

ぼんやりと町中に立っていることもあれば、友人や親戚などの家にもいることもある。

なので屋外にいるのを〈ノラ〉、屋内にいるのを〈クビワツキ〉と呼ぶことにしてい

 るという。

犬や猫みたいだなとも思うが、ああいったものに気に入られると少々厄介だという。

「とにかく気づかれたらだめ。気づかれないようにしないとアレと同じになってしまうのね」

そう、三井さんは言うのだ。

同じになる、というのがどういう状態を意味するのかわからないが、正直わかりたくもなかった。

その後も三井さんは、ことあるごとにその影人間の話をするので、変わり者だなと思いはじめていた。

そんな矢先、三井さんから深夜に電話があった。

「私、気づかれちゃって、公園にいるから来て」と言う。

夜中の二時を過ぎていたが、急いで公園に向かう。

だが、彼女の姿はそこになかった。

そしてそのまま二度と会うこともできなかった。

三井さんは亡くなっていたのだ。

ただ、三井さんの葬式で影人間を見た。

葬儀が行われている会場の隅のほうで静かにたたずんでいる。

よく見ると影人間は三井さんだった。

生前、彼氏からプレゼントされたと言っていたイヤリングが、耳元で揺れている。

(ああ、あっち側になっちゃったんだな……)

と思った。

この世に幽霊がいるのだとしたら、ああいったものなんだろうな、と妙に納得した。

怖いというより、しんみりと哀しかった。

友人を亡くしてから、三年の月日が経った今、同じ話を数人にしてみたところ、私も見たという人が何人かいた。

都市伝説は人から人に伝わるたびに形を変えるものだが、この話はどうも違うようで、人から人に共通認識というものが伝染し、それが形を成す。

「いる」という先入観が見せる幻なのではないかとも思ったが、実際に見える以上、ただの幻のわりにはしつこいなと楊さんは思った。

影人間の三井さんに気づかれないように、見かけたらすぐに目をそらすようにしている。

あれだけ大好きだった友人が幽霊になった途端に嫌いになるなんて、つくづく人間とは勝手な生き物だとは思うが、絶対同じ存在にはなりたくないと楊さんは言う。

「あなたもいると思ったら、自分の大切な人や身近な人が影人間になる可能性があるんですよ、縁起でもない話だけど」

楊さんは、影人間を以前よりたくさん見る。

家に帰ると、待ち構えていたかのように部屋の隅で息を潜めている。三井さんの言葉を借りれば、クビワツキが居座っている。

日によっては、同じ場所に複数がいて、重なったり、たむろしてたりする場合もあるという。

「最近は慣れてきたけど、慣れが油断するから一番怖い」

そんなことを怖がりながら言いつつ、今日はノラとクビワツキをいくつずつ見たよ、と報告してくれたこともあったが最近はそんな報告もない。

きっとどこかで元気でいるだろう。

影のような人間は、その人たちの目にだけ映る共通認識か何かなのかもしれない。

一旦そうだと認識してしまったら、簡単には認識を変えることはできない。

だから、見える。見えてしまう。

家に出るのは、人が一番思い入れのある場所が家であるためだと思う。

幽霊とは本来、そういうものなのかもしれない。

しかしながら、同じものを数人が見たという事実がある以上、これも紛れもなく怪異である。

第五十八家「るろうの竹籠」

稲生さんの母方の祖母は、竹で編まれた小さな箱形の籠に話しかけていることがあった。

大きさは、十五センチほどだろうか。

異国の民芸品なのか、それとも日本のものなのかはわからない。

複雑な網目細工で、きれいな真四角を形作っている。

籠から聞こえる声はひそひそと小さな囁き声なので何を言っているかまではわからない。

外からでは中が全く見えない構造である。

幼い稲生さんが、「何が入ってるの?」と聞くと、

「いつか教えてあげようね」

と言ってはぐらかされてしまう。

ただ、あまりに不思議なので、籠に話しかける祖母が気持ち悪いなあと思っていた。

しかし、祖母が他界してからは結局、母がその竹籠をいつの間にか持っていた。

祖母同様に籠に時折話しかけている。

しかも、見つめながらうっとりとしているのだ。

あの籠の中には一体何が入っているのだろうと稲生さんは思った。

中身を一度見てみたい、そんな衝動に駆られた。

そんなある日、母親がある日、忘れていったのだろう。

机にあの籠が置き去りにされている。

耳を当てる。

中から小さな声がする。

ためらったが中身を開けようとしたが、蓋や隙間のようなものはない。

開け方がわからない。

逆さまにしてみると、中に入っている何かがころりと転がり、中から小さな悲鳴が聞こえた気がした。

それはさながらガチャガチャのボールの中身を揺らして中にどんなものがあるかを音

で確かめる感じにも似ている。

しかし、そんなものは気のせいだろうと思った。

まさか中に小さな動物が入っているのではとも思ったがどうも違う。

母が、その箱に話しかけている光景をただじっと見つめていると、小さな声が自分にも聞こえた気がしたのだ。

しかもその声は聞くたびに成長している気がする。

最初は幼い子供の声で何かを囁いているようだったのが、もう少し歳を重ねた中学生くらいの声に聞こえる。

「きみこ、きみこ、きみこ」

と、はっきりと母の名前を呼ぶ声がする。

普通なら気持ち悪いと思うが、「いいなあ」と羨ましく思うようになったという。

そんなある日、母の目を盗んで母の部屋に入り、あの籠に話しかけてみることにした。

「あなた、名前なんていうの？」

何も聞こえない。

しばらく待っても何も聞こえないので行こうとすると、

「あゆみ、あゆみ、あゆみ」

と自分の名前を呼ぶではないか。

嬉しくなり籠に駆け寄り、

「そうだよ、あゆみだよ」

と何度もささやきかける。

涙が出るくらいに嬉しかった。

なぜだかはわからない。

籠が稲生さんの母親の名前をもう呼ばなくなり、あゆみさんの名前しか呼ばなくなったことを知ると、母親は悔しそうに、

「次は、あゆみ、あんたがこの籠を持ってなさい。大事にしなさい」

と籠を渡される。

祖母から母に、そして母から自分にひとつの籠が渡っていく。

不思議な縁を感じていたが、決して中を見てはならない。

それだけを母から約束させられる。

しかし、しだいにその籠の中の声が成長している気がした。

今ではもうすっかり大人の艶やかな女性の声で、自分の名前を呼んでいる。

二十二歳になる彼女の娘さんからも話を伺ってみた。

つい先日、籠のことで母に話しかけた。

「あのね、お母さんが籠に話しかけているとき、籠の中から本当に小さな声で」

と言った瞬間、続きを遮る勢いで
「私の名前、呼んでるでしょ？」

と嬉しそうに母が言う。娘さんは言おうとした言葉を飲み込むしかなかった。

籠から聞こえるのは確かに母の名を呼ぶ声ではあるが、艶やかな女性のきれいな声ではなく、潰れた老婆の声なのだという。

その声が母の名前を呼ぶたびに背筋に悪寒が走る。

自分もいずれ、あの籠の中の何者かに名前を呼ばれる気がして、それだけは嫌だなと思う。なので、名前を呼ばれる前に独り暮らしをしたい。

母のようには死んでもなりたくないからと娘さんはいう。

籠の中には何が入っているのだろうか。

それは誰にもわからない。

第五十九家「顔の表札」

柄本さんは、表札めぐりが好きだという。

表札めぐりというのは、身近にある家々の表札を見て回り、同じ名前があったり、珍しい名前があったりするのを見て楽しむことを言うらしい。ちょっと変わった散歩というか、フィールドワークのようなものだろう。

どういう名前が多いか、或いは少ないか。

音は同じでも漢字の一部が違うといった微妙な違いや、その比率などをノートに記録するのを趣味としている。

特に、漢数字だけの名前や、一文字だけの名前などは面白いという。

旅行に行った際に、珍しい名字を見つけた。

しかし、よく見ると名字ではなく、文字をぎゅっと潰したような字体で、

「おしゃぴああああ」

という感じでいわゆる〈文字化け〉しているような文字がただ適当に表札に書いてあるだけであった。

一体どういう家なのだろうか。

見たところ普通の家なので、表札だけ妙な違和感がある。

ただ、それはその家だけに留まらなかった。

柄本さんはその日以来、いくつも同じような表札を見つけてしまうようになった。どうにも気味が悪く、何となく表札めぐりから足が遠ざかった。

しかし、最終的に趣味に終止符を打ったのは実はそれが原因ではない。

表札に文字ではなく、〈目〉や〈耳〉の絵が縦に並んでいるのを見はじめたのが大きな原因だという。

そんなものが至るところにあるのだという。

これにはさすがに驚いた。自分がおかしくなったのだと思った。

冷静に考えて、そんなものがあちこちで見つかるはずはないからだ。これはきっと自分だけに見えているに違いない。あるはずのないものが見えてしまっている。

だとすれば、それは一体何なのだろう。どんな意味があるというのか。

目、耳、口、鼻、などの顔のパーツが縦に並んだだけの奇妙な表札を見つける病などあろうはずはない。

幻にしては変である。

ふと頭に浮かんだ推論がある。

いつか、それらが目の前で並びを変え、顔になるのではないだろうか。

まるでそう、福笑いのように。

つまり顔の表札を自分が見つけたとき、何か恐ろしい変化を目の当たりにしてしまうのではないか……そしてその顔と目があってしまったら……。

そんな突拍子もない想像をしてしまい、怖くなって表札めぐりをやめたのだという。

「すみませんね、変な話を。でもね、見ちゃうんですよね。玄関は家の顔だってよく言いますけど、だとすれば表札もまた家の顔と呼んで差し支えないものだと思うんですよ。そうじゃありませんか？　もし誰か見た人がいたら教えてください」

まあ、いないとは思うけれど……。

そう言っていた柄本さんの言葉が印象的だった。

第六十家「罪滅ぼし」

道尾さんは、自分を変わりものと言い、友達はゼロに近いほどいないのだという。お互いさほどリアルが充実していないので、何となくウマがあった。

そんな彼から昔、聞いた話だ。


中学生の頃、町の郊外に寺島というじいさんが住んでいた。

寝たきりで目の病気を患っており、ほとんどと言っていいほど視力がない。

その寺島さんはたまに来るヘルパーさんと道尾さん以外の話し相手はいない。

よく窓の向こうを眺めながら、

「あの塀の向こうにね、可愛らしい女性が住んでいてね。よく手を振ってくれているから名前だけでも知りたいんだけど、恥ずかしいから聞けないんだ」と言う。

幼かった道尾さんはその寺島さんが大好きで、よく話し相手になっていたそうだが、寺島さんのために隣の家の女性に名前を聞いてきてあげることにした。

女性の名前は、かよといった。

教えてあげると、寺島さんは歯が数本しかない口をがばりと開けてにっこり笑って「ありがと」と、ひどく喜んでくれた。

それから、寺島さんの家に行くたびに、女性のことを寺島さんにいろいろ教えてあげた。

年齢はどれくらいか、容姿、趣味、かよさんのことを毎日毎日寺島さんに少しずつ教えてあげる。

寺島さんにかよさんのことを話すたびに千円ずつくれるのだという。

引き出しにはたくさんの札束が入っている。

若いときに貯めたお金らしい。

お金欲しさに寺島さんに毎日毎日かよさんのことを教えてあげたが、毎日通っていればやがて話すこともなくなる。

そんなある日、もう自分は長くないから道尾さんに「来るな」と寺島さんは告げた。

もうお金が貰えないんだとわかると腹の中でどす黒い感情が芽生えた。

ついに言ってはいけないことを口にしたのだという。

「あのね、本当のこと教えてあげるね。かよさんなんか最初からいないよ。隣には家なんかない。残念でしたね」

寺島のじいさんは、あからさまに嫌な顔を見せる。

そう、隣にあるものといえば墓場。

もっと正確にいうならば無縁さんの墓石が並んでいるだけ。寺というわけではない。

畑の真ん中に墓石がある光景を想像してほしい。

それが満員電車のように隙間もなくぎゅうぎゅうに並んでいる。

かよさんなどいない。

ただ、寺島さんの話に合わせただけなのだ。

寺島さんはじっと道尾さんの話を聞いていたが、

「そうか、もう来なくていいから……」

と黙って何かを諦めるようにしてこちらに背を向けてしまう。

そのとき、もうこの家に来ることはないと強く思った。

それ以来、寺島さんの家には行っていないが、最後に寺島さんの家に行った一週間後、寺島さんは一人静かに亡くなっていたという。

ただ、なぜ寺島さんは目が見えないのに女性がいるなんてわかるんだろうかと思った。

嘘や作り話にしては笑えないし、元々墓のある場所に家があったなんて聞かない。

なぜだろうと思っていたが、それから三十になって結婚をした。

たまたま家を留守にして帰宅すると、妻が、

「かよさんって人があんたにどうしても会いたいって訪ねてきたわよ」

と、言う。

かよという名前に聞き覚えがあった。

寺島のじいさんの隣家に住む架空の女性として、自分がつけた名前だ。

偶然、と片付けたかったが、そのかよさんが訪ねてきたのはまさに寺島のじいさんの命日だったのである。

何か気味の悪い符合を感じたが、妻は、

「だけど不思議なんだけど、そのかよさんって人ねどんな顔だったかまるで思い出せないのよね、こんなこと滅多にないんだけど」

妻は不思議そうに言うらしい。

それから必ず毎年かよと名乗る何者かが、寺島のじいさんの命日に昼時を狙い家を訪

ねてくる。

しかし、家に誰もいないのを確認すると帰ってしまう。

「俺もね確かめなきゃ気が済まなくて待ち伏せてたけど、窓ガラスから何となく玄関の扉の前に立つそいつを見たはずなんだけど顔がさ、記憶に残らないんだよ。ただ、服装なんかの容姿は、自分が作った作り話の容姿そのものなんだよね。それがとてつもなく怖い。

だから持ち家を売って引っ越しも考えたけど、なんか無駄な気がするんだよ。あいつからは逃げられないような気がする」

と、道尾さんは自らの悪行を後悔し、そして懺悔するのだ。

道尾さんは引っ越さないのが寺島のじいさんへのせめてもの罪滅ぼしと考えているのではないだろうか。

第六十一家「毛《け》羽《う》毛《け》現《げん》」

靖子さんという四十代の女性から聞いた話だ。

幼い頃、妖怪を見たことがあるという。

小学生の頃、父方のおばあちゃんの家に長い休みになると遊びに行く。

何もすることもなく畳部屋でごろごろとうたた寝をしていると、庭の向こうにある家を囲う防風林があったというのだが、その防風林の向こうから何かがせり上がってくる。

うねうねと、黒い毛の塊のような、ものが現れる。

二足歩行の目も口もない毛虫みたいなそれを、「あれは何だろう」と思いながら見ていると、眩暈がする。

意識がそちらに持っていかれそうになる。

このままではヤバイなと思った矢先、廊下側の畳部屋の戸が開き、おばあちゃんが入ってくる。

煙草盆を持ってきて、キセルを吸う。

先端に詰め物をして、すぅーと煙を吸い込むと、一気に吐き出す。

白煙は、その毛むくじゃらの毛虫の化け物に向かいそれを包み込む。

まるで生き物のようである。

瞬間、毛むくじゃらは、逃げるように視界の外れに沈む。

それを見て静かに出ていく。

夕飯時、あれは何かと聞くと、おばあちゃんは、「けうけげん」だという。

漢字で書くと、毛羽毛現と書く。

山から下りてきては人を惑わす。

ずっと見ていたら狂ってしまうのだという。

なので、あのまま見ていたら自分も狂っていただろう。

昔、大地主の倅がけうけげんを見て、狂ってしまったという。

倅は生まれつき足に障がいがあり、兵隊にはなれなかった。それを陸軍将校だった父はよく思わなかったというが、周りの目もあり邪険にすることはできない。

なので、自分の立派な跡取り息子として家に置いていたそうだが、ある昼時、同じように庭先にけうけげんが現れ、それを見て狂ってしまった。

使用人の女性が掃除に部屋に入ると、布団の上で笑い転げていたらしい。畳部屋には一面、針のように鋭い、鳥の羽のような黒い体毛が散らばっていたという。

倅はちょうど三日前、

「妙なのが庭に見えるからなんとかしてくれ。黒い毛むくじゃらなんだ。あれを見てるとおかしくなりそうだ」と言っていたという。

その三日後に、発狂してしまったのだというから恐ろしい。

それと同じものを靖子さんと見たわけである。

くねくねという都市伝説上の怪談があるが、それに非常に現象が酷似している。

「人を惑わす」と靖子さんの祖母が言っていたが、その言葉通りで、あの奇妙な動きをまともに見てしまうと、正気を失くす。

見てはいけない——そういう怪異もあるのだ。

だからこそ記録に残らない。

しかし、こういった体験談が朧気な妖怪の存在を明確化させている。

「妖怪はいる」

そのように筆者に感じさせた印象深い話のひとつである。

陸軍将校の家で、息子の周りに落ちていた毛は、いつの間にかひとすじ残さずなくなっていた。

それも実に不可思議な話である。

第六十二家「影の座」

今現在、新潟に居を構える眉村さんが子供の頃に祖母から寝入り端に聞かされた話。

大正生まれの祖母は、子供の頃、いわゆる「丁稚奉公」に出された。

丁稚奉公というのは、つまり使用人として子供が働かされるわけだが、奉公先の家には奇妙な風習があった。

「その家の主は、家長であって家長ではない」

最初にそれを説明された。

死後も先祖の魂は生きていて、生身の肉体に定着するのだという。

たとえば、家長が死んだときには、その息子や孫に魂が入る。

それが何代にも渡って、繰り返されてきたというのだ。

「魂が入る」というのは、語弊がある。

より正確にいうならば「入れる」が正しい。

魂を入れる生きた肉体と死んだ家長の肉体を一緒に一晩寝かせる。

それだけでいい、という。

血を継承する意味で行う高貴な儀式のため、喜んで肉体を捧げるというのだが、いくつもの肉体を渡り歩いてきたその魂が果たして、本当に自分の先祖のものなのか、それはわからない。ただ形式上、そうしなければいけないものとしてあるらしい。

ただ、魂が入ると、前後不覚のように、聞くものも聞かず、話さず、ただ食べるだけのいわゆる「廃人」になってしまう。

家のために尽くすその姿は皆から崇められ扱いはまさしく神様そのもの。

その手伝いをずっと眉村さんの祖母はさせられていたらしい。

身の周りの世話を甲斐甲斐しく、機械的に行う。

あるとき、その世話人の息子が死ぬ。

その孫も結核に冒され、肉体は使えない。このままでは、血が途絶えてしまうとなったときに、なぜ、自分が奉公に出されたのかを知る。

そういうときのための「代わりの肉体」だというのだ。

名ばかりの家長ゆえに、しばらく生きてさえいれば誰でも良いらしく、その受け皿として雇われたというのだ。

祖母はそれからのことはよくは覚えていないというが、何となく記憶にあるのは、実兄に連れ出されたということだ。それで事なきを得たと後に聞かされた。

家がその後どうなったのかはわからない。

ただ、兄が言うには知らないほうがいいとのことだった。

ずっと世話をしていて思ったのだが、魂を入れた肉体には、影がない。代わりに時折、体が真っ黒に見えることがあるという。

そのときだけ、なぜか気味が悪いほど嬉しそうに肩を震わせて嗤う。それが身震いするほど怖いものに思えたのはこの目や耳が覚えているという。

あの肉体に入っているものは先祖の魂とは何となく違う気がする。

この記憶を思い出すとき、おぞましさより哀しさが先に立つのは、魂の入れ物として生きる家長の気持ちが痛いほど伝わるからだろうか。

何にせよ、よりしろとなった人たちの魂はどこへ行くのか、私にはそちらのほうがよほど心配である。

第六十三家「二階角部屋二〇一号室」

木全さんの親友であるヒロシさんは、友人にアパートを紹介された。ちょうど家探しをしていたのもあり喜んで、アパートに越した。特に拘りはなく、住めればどこでも良かったという。

住むことになったのは二階の角部屋、二〇一号室だった。

小綺麗なアパートだったが、ただ一点、ドアの隅っこに子供の落書きがあり、長いこと描かれたままだったのか塗料が下のアスファルトのところまで垂れていた。洗剤を使っても落ちないので、それが難点ではあった。

奇妙な出来事もあった。

夜、頭に響くように「ただいまななばんめ」という声がする。

ななばんめの次は、ろくばんめ。日ごとにその数が減っていく。

何の順番なのだろうか。

よくはわからない。

毎日聞こえるわけでもなく、不規則に聞こえるのだ。

アパートに住んだその年の冬。真夜中に、「ただいまごばんめ」という声が聞こえた。

さすがにぎょっとした。

どこか不安にさせるような陰気な女性の声。

これまで聞いたのと同じ声かはわからない。違うようにも聞こえる。

そこでアパートを借りるときに荷物を軽トラで運んでくれた友人の言葉を思い出した。

「ありがとう、本当に助かった。どうすればいいか迷っていたんだ。悪く思うなよ」と手を合わせていた。

大袈裟な奴だなと思ったが、思えば妙なことを言っているなと内心思った。

嫌な予感がした。

たまに、玄関のドアの前に花束が所在なく置いてある。

大家が置いていくのを見た人がいるそうだ。

さすがに普通じゃない。

怖くなり、部屋を出た。

部屋を出るときに気づいた。

ドアにそばに真新しい菊の花束が置かれている。

おそらく大家が置いていったのだろう。

部屋を出たところで、なぜか、助かった……と思ったという。

あのアパートには、自分を入れて七世帯が住んでいると聞いていた。

とすれば、「ただいまごばんめ」というのは、七人いる中の五番目という意味ではないかと思ったが、自分がその何番目に当たるのかは皆目わからない。

そんなことはどうでもよかった。

ヒロシさんは、アパートを出ていったあと知人のところに転がり込んだが、アパートを出た日の翌日に自分にアパートを紹介してくれたあの友人の訃報を聞いた。

そこでようやく自分は生贄にされかけたのだとヒロシさんは悟ったという。

そのアパートは駅からも離れているので辺鄙な場所だが、特に事故物件だとか人死にがあったとかいう際立った噂は聞かない、普通のアパートだそうだ。

後日談として、アパートから引っ越して九年後のこと、ヒロシさんは別のアパートに住んでいた。

木全さんにこの体験談を話して一週間過ぎた頃、最近またあの声が頭の中で響く。陰気な女の声で、「ただいまいちばんめ」という声が聞こえた。

嫌な予感がした。

自分が今住んでいるアパートは古い木造のアパートで、来年取り壊されるため自分しか入居者がいないという有り様だった。

だから、順番を数える必要も減らす必要もないということだけは何となく理解できる。

しかしながら、おそらくその順番の法則は意味をなさない。

なぜなら、前に住んでいたアパートで聞こえた声が数えた数字の五の次は、四ではなく三だったからである。

聞き逃したのかとも思ったが、聞こえてくるのはいつも覚醒しているときだったため、逐一書き記していたのだ。

それが逆に仇になった。

余計な心配の種になったわけである。

だから、その何者かわからない声の主は数字を順当に七から一までを数えてるわけではないなとも同時に思ったという。

そこで再び〈あること〉に気づいた。

何でもないことではあるが、ドアの隅っこに子供の落書きのようなものが描いてあったのを思い出した。

普通であればそんなものはただの落書きであり、捨て置くべきゴミのような記憶である。

しかし、なぜか気になった。

縦の長い棒のようなものが油性のペンか何かで描かれている。

しかも塗料が垂れて下部のアスファルトまで汚していた。

自分に割り振られた番号がそのとき、わかったという。

多分、つまりはそういうことなのだろう。

単なる〈思い込み〉であればいいのだが、それ以降、木全さんはヒロシさんと連絡が取れていない。

生きていれば今年の八月で四十になるはずである。

木全さんは、ヒロシさんの居所を今も探し続けているが、最後にその落書きの話を聞いてすぐにヒロシさんはアパートを出ていってしまったようで、どこでどうしているのかもわからないという。

その後、木全さんはそのヒロシさんが最初に住んでいたアパートに行ってみた。本当に何でもない、よくあるアパートだった。

かつてヒロシさんが暮らした二階の部屋に行ってみて、ドアも確かめてみたが、隅っこに数字などなかったから、あれから誰かが消したのだろうと思った。

外廊下で、子供がアスファルトにチョークで落書きをしていた。

「何描いてるの？」

何とはなしに聞いたら、子供はそれには応えずパッと立ち上がり、ヒロシさんの暮らしていた部屋のドアにぴたりと耳をつけた。

「どうしたの？」と聞いてみれば、「たまにこのドアから声がする」という。

どんな声かを聞くと、「おんなのひと」と言う。

自分も真似して耳を当ててみたが、何の声もしない。

子供は先ほど落書きをしていたチョークで、ドアにおまじないと言って縦の棒を一本描いて走り去っていった。

なるほどこれが棒の正体か、と思ったが、ヒロシさんの部屋には新しい入居者がいるようだった。

しかし、何の声も音もしない。

新聞紙がポストに刺さったままになっていた。

花束を置いていたという大家に話を聞いても何も教えてくれないと思ったので、近隣住民に話を聞いてみたが、人が居着かないアパートだということしかわからなかった。

先ほどの子供が聞いたという声が、ヒロシさんが聞いた数を数える女の声と同じなのか、それも確かめようがない。

しかし、このままでは帰れないので、やはり大家に話を聞くことにし大家宅に向かった。

すると、空き家になっていて、聞けば今は別の人間が大家になっているという。

元大家は独居老人で、何年か前に亡くなったというのである。

驚いたのは空き家となった大家の家の玄関脇に、花束が置いてあったことだ。

遺族や友人の誰かが置いたのだろうか。

茶色く枯れていたので、置いてからだいぶ経っていることだけはわかった。

その後も木全さんが方々で聞き込み取材を試みると、ヒロシさんが暮らしたあの部屋には、かつて大家の孫娘が住んでいたという証言が得られた。

その孫娘も病で亡くなったという。

番号と、女性の声、そして花束、
それを関連付けるものは何もない。

ただ、あの部屋が二人の人間の死に関わっているような気がしてならない。

番号の意味は多分永遠にわからないだろうが、アパートの住人の幾人かは、ヒロシさんが暮らした部屋の前の廊下を通る際、女性の声を聞いていた。

ある人は、名前を言っているようだったと言い、またある人は、唸り声や囁き声だったという。いずれも入居者がいない空き部屋の頃から聞こえていたようなので、怪異といえるだろう。

人により違うように聞こえるというのも、この話の特筆すべき点ではないだろうか。

結果、木全さんに取材していただいたこのアパートの話は、謎を残したまま終わってしまうのだが、この怪異の軸は、限りなくそのアパートの部屋にあると見て間違いないと思われる。その意味で、この話は現在進行形の怪異として取り上げさせていただいた。

さらに近々の追加取材でわかったことがある。

大家が亡くなる前に、将棋仲間の薮田という老人が、亡くなった大家が孫娘の暮らしていた部屋、すなわちヒロシさんが住んでいた部屋でもある二〇一号室のドアにぴたりと耳をつけて、誰かと話すように笑いながら、「おれもすぐそっちにいくから」などと、独り言を言っていた姿を目撃していた。

薮田さんもそのアパートの事情は知ってはいたので、その部屋から女の声が聞こえる噂も知っていたし、自身も聞いてみたことがあるという。

「だからね、もしかすると大家は、あの声を溺愛していた孫娘の声だと思っていたんじゃないかね」

薮田老人はそのように推測して言っていた。

ただ、薮田老人に言わせると、部屋から聞こえる声に孫娘と思われる声はないという。

つまり、大家さんは他人の声を孫娘の声だと認識していた可能性がある。

「本当に会いたい人には会えないみたいにさ。本当に聞きたい人の声は聞けないんだよな、あの人も哀れな人だよ」

そう薮田老人は首を振った。

木全さんが薮田老人の話と平行して調べてくれた情報によれば、大家の孫娘を含め、あの部屋で暮らしたことのある女性が計三名亡くなっていることが噂のひとつとしてわかった。ただし、それはあくまで噂止まりであり、亡くなったのはアパートを出てからの話だそうだ。

部屋から聞こえる女性の声とその三名の女性との関わりはわからない。

ただ、薮田老人の証言では、少なくともその中に大家の孫娘の声は〈ない〉という話なので、残り二名の声なのだろうか。或いは全く無関係か。

他の部屋の住人に聞けば、今も入居者はいるという。

ただ、そこに新しい怪異がある。

たまに、ドア付近に座り込む老人の影を見るらしい。

その声は笑いながら口許に手をあてがい、ドアに向かって話しかけているという。

もしかしたら、その部屋の入居者はその老人の声を聞いているかもしれない。

「おれもすぐそっちにいくから……」

という大家の嗄れ声を。

第六十四家「地図の手」

秋山さんという方に聞いた話である。

学生時代、クラス替えをしてすぐ小薮川と名乗る同級生がいきなり話しかけてきた。

見覚えのない顔なのに妙に馴れ馴れしい。

右手をパーにして、薮から棒に「見ろ」というのである。

手のひらには手相があり、いくつもの曲線が刻まれている。

しかし、それがどうしたというのか。

同級生曰く、

「俺の手相は地図だから、町の地形のように動くんだよ」

見ててみろ、と言われたのでじっと見ていると本当に、ぐにゃり、と目の前で手相が歪んで動いた。

線のひとつひとつが道で。

その間にはいくつもの建物や人が点在していて。

小薮川はそんな説明を繰り返す。

一時間目の授業がはじまったので前に向き直り、授業が終わって何げなく後ろを向くと、先ほどの同級生とは違う男子生徒が座っている。

一時的に席を離れたのか、もしくは別のクラスの生徒かと思ったが、そんな同級生は卒業まで会うこともなかった。

ただ、あのとき。

小薮川は手のひらの上にできた線の中ほどを歪めてみせ、嬉しそうにこう言った。

「こうやると町の姿が変わるんだ。あんまりやったらいけないんだけどね。移動させすぎると人も消えちまう場合もあるから。まあ、見てわかると思うけど、この親指の付け根が郵便局。で、薬指の第一間接の下辺りがコンビニ」

そう言われても自分にはただの線と手のひらにしか見えない。

確かに手相が動くのは不思議だが、小薮川の説明は意味不明だった。

困惑していると、小薮川は、実川さんという家の位置を三駅先の町に変えるという。

手のひらの真ん中にかけて斜めに走る線の一部を歪めた。

実川さんの家なら秋山さんも知っていた。

おばあさんの独り暮らしで、幼いときに付き合いがあった程度だが、今も引っ越していないはずだ。

後日、半信半疑で実川さんの家に行ってみる。

すると、小薮川の言うように実川さんの家はそこになく、本当に三駅先の町に移動していた。土地勘がないから探すのに苦労したが、実川さんの家に間違いない。

なぜなら、庭の金木犀、石畳、門や壁、屋根の色に至るまで外観が記憶のままである。

勘違いではない。

おそるおそる近隣住民に聞くと、

「実川さんなら何十年も前からここに住んでるよ」と言うのである。

しかし、自分の記憶では、実川さんの家は自宅から歩いて一分もかからない場所にあった。それが、今や三駅も先の隣町に移動している。

そんなことがあるのだろうか。

自分の勘違いである可能性もあるが、違和感がぬぐえない。

実川さんの家の前の道は、子供の頃に何度も通っていた通学路だ。

回覧板を届けに行ったこともある。

おばあさんに飴やビスケットを貰った記憶もある。

子供はそういう食べ物のことは忘れないのだ。

それなのに、明らかに移動している。

いや、移動させられたのだ。

ちなみに、秋山さんが社会科の先生になったのはその出来事とは何の関係もない。

[redacted]

あとがき（完工）

筆者である私は、建物の仕事を本職としている。

それゆえに建物にはそれなりに興味があり魅力がある。

家の話をここまで書いてきて、怪異全般に言えるのは、「意味」や「理由」など怪異にとっては、お構い無しであるということだ。

人間だけが、すべての事柄や出来事に意味や理由をつけて、それらを解体し、いじくり回して、よしこれが理由だと決めつける。

しかしながら本当にそれが正しいかなど誰にもわからないことが多い。

だから今回の家、或いは家にまつわる怪談はいずれも、何かひとつの因果を導くものではない。いくらでも説明はつくのだろうが、その説明が正しいのかはわからないし、判断のしようがない。

だから、これが正しいなんてものはない。

集めた怪異の中で、より不可解な話ばかりを書いたと言ってもいい。

誰もが家に住み、そして会社や学校、あらゆる建物で日々過ごす。

誰のところにも起こりうる怪。

どこかの誰かのすぐ隣にある怪。

それが家怪談なのかもしれない。

壁と窓と屋根に隔てられた家は、異空間そのものなのだから。


本書は貴重な話を提供してくださった体験者さまはじめ、多くの方のご助力でできた渾身の一冊です。たくさんの要望や我が儘に柔軟に応えていただき感謝しきりです。

本書に蒐《あつ》めた幾多の怪談は遠くにあるようで明日どこかで誰かが体験するかもしれない身近な家の怪異です。

誰にでもひとりにひとつ生まれ育った家がある。しかしその家、本当に安全な場所といえますか？　もしかしたら一番恐い場所はあなたの我が家かもしれません……。

またどこかで無事に逢えることを願って。

令和六年一月　影絵草子

★読者アンケートのお願い

本書のご感想をお寄せください。アンケートをお寄せいただきました方から抽選で5名様に図書カードを差し上げます。

（締切：2024年2月29日まで）

応募フォームはこちら

屋敷怪談

2024年2月5日　初版第一刷発行

著者……影絵草子
カバーデザイン……橋元浩明（sowhat.Inc）

発行所……株式会社　竹書房
〒102-0075　東京都千代田区三番町8-1　三番町東急ビル6F
email: info@takeshobo.co.jp
https://www.takeshobo.co.jp

印刷・製本……中央精版印刷株式会社